PREFÁCIO

A coleção de frases de viagem "Vai tudo correr bem!" publicada pela T&P Books é concebida para pessoas que vão ao estrangeiro em viagens de turismo e negócios. Os livros de frases contêm o que é mais importante - o essencial para uma comunicação básica. Este é um conjunto indispensável de frases para "sobreviver" no estrangeiro.

Este Guia de Conversação irá ajudá-lo na maioria das situações em que precise de perguntar alguma coisa, obter direções, saber quanto custa algo, etc. Pode também resolver situações de difícil comunicação onde os gestos simplesmente não ajudam.

Este livro contém uma série de frases que foram agrupadas de acordo com os tópicos mais relevantes. Uma secção separada do livro também fornece um pequeno dicionário com mais de 1.500 palavras importantes e úteis.

Leve consigo para a estrada o Guia de Conversação "Vai tudo correr bem!" e terá um companheiro de viagem insubstituível, que irá ajudá-lo a encontrar o seu caminho em qualquer situação e ensiná-lo a não recear falar com estrangeiros.

TABELA DE CONTEÚDOS

T&P Books Publishing

Coleção Guias de Conversação
"Vai tudo correr bem!"

T&P Books Publishing

GUIA DE CONVERSAÇÃO
ÁRABE

AS PALAVRAS E AS FRASES MAIS ÚTEIS

Este guia de conversação contém frases e perguntas comuns essenciais para uma comunicação básica com estrangeiros

Andrey Taranov

T&P BOOKS

Frases + dicionário de 1500 palavras

Guia de Conversação Português-Árabe Egípcio e dicionário conciso 1500 palavras

Por Andrey Taranov

A coleção de frases de viagem "Vai tudo correr bem!" publicada pela T&P Books é concebida para pessoas que vão ao estrangeiro em viagens de turismo e negócios. Os livros de frases contêm o que é mais importante - o essencial para uma comunicação básica. Este é um conjunto indispensável de frases para "sobreviver" no estrangeiro.

Outra secção do livro também fornece um pequeno dicionário com mais de 1.500 palavras úteis, organizadas por ordem alfabética. O dicionário inclui muitos termos gastronômicos e será útil quando pedir comida num restaurante ou comprar alimentos numa loja.

Editora T&P Books
www.tpbooks.com

ISBN: 978-1-78716-955-5

Este livro também está disponível em formato E-book.
Por favor visite www.tpbooks.com ou as principais livrarias on-line.

PRONÚNCIA

Alfabeto fonético T&P	Exemplo Árabe Egípcio	Exemplo Português
[a]	[ṭaffa] طفّى	chamar
[ā]	[eχtār] إختار	rapaz
[e]	[setta] ستّة	metal
[i]	[minā'] ميناء	sinónimo
[ī]	[ebrīl] إبريل	cair
[o]	[oɣosṭos] أغسطس	lobo
[ō]	[ḥalazōn] حلزون	albatroz
[u]	[kalkutta] كلكتا	bonita
[ū]	[gamūs] جاموس	trabalho
[b]	[bedāya] بداية	barril
[d]	[sa'āda] سعادة	dentista
[ḍ]	[waḍ'] وضع	[d] faringealizaçãda
[ʒ]	[arʒantīn] الأرجنتين	talvez
[ẓ]	[ẓahar] ظهر	[z] faringealizaçãda
[f]	[χafīf] خفيف	safári
[g]	[bahga] بهجة	gosto
[h]	[ettegāh] إتّجاه	[h] aspirada
[ḥ]	[ḥabb] حبّ	[h] faringealizaçãda
[y]	[dahaby] ذهبي	géiser
[k]	[korsy] كرسي	kiwi
[l]	[lammaḥ] لمّح	libra
[m]	[marṣad] مرصد	magnólia
[n]	[ganūb] جنوب	natureza
[p]	[kaputʃino] كابتشينو	presente
[q]	[wasaq] وثق	teckel
[r]	[roḥe] روح	riscar
[s]	[soχreya] سخرية	sanita
[ṣ]	[me'ṣam] معصم	[s] faringealizaçãda
[ʃ]	['aʃā'] عشاء	mês
[t]	[tanūb] تنوب	tulipa
[ṭ]	[χarīṭa] خريطة	[t] faringealizaçãda
[θ]	[mamūθ] ماموث	[s] - fricativa dental surda não-sibilante
[v]	[vietnām] فيتنام	fava
[w]	[wadda'] ودّع	página web
[χ]	[baχīl] بخيل	fricativa uvular surda

Alfabeto fonético T&P	Exemplo Árabe Egípcio	Exemplo Português
[ɣ]	[etɣadda] إتغدّى	agora
[z]	[me'za] معزة	sésamo
['] (ayn)	[sab'a] سبعة	fricativa faríngea sonora
['] (hamza)	[sa'al] سأل	oclusiva glotal

LISTA DE ABREVIATURAS

Abreviaturas do Árabe Egípcio

du	-	substantivo plural (duplo)
f	-	nome feminino
m	-	nome masculino
pl	-	plural

Abreviaturas do Português

adj	-	adjetivo
adv	-	advérbio
anim.	-	animado
conj.	-	conjunção
desp.	-	desporto
etc.	-	etecetra
ex.	-	por exemplo
f	-	nome feminino
f pl	-	feminino plural
fem.	-	feminino
inanim.	-	inanimado
m	-	nome masculino
m pl	-	masculino plural
m, f	-	masculino, feminino
masc.	-	masculino
mat.	-	matemática
mil.	-	militar
pl	-	plural
prep.	-	preposição
pron.	-	pronome
sb.	-	sobre
sing.	-	singular
v aux	-	verbo auxiliar
vi	-	verbo intransitivo
vi, vt	-	verbo intransitivo, transitivo
vp	-	verbo pronominal
vt	-	verbo transitivo

GUIA DE CONVERSAÇÃO ÁRABE

Esta secção contém frases importantes que podem vir a ser úteis em várias situações da vida real.
O Guia de Conversação irá ajudá-lo a pedir orientações, esclarecer um preço, comprar bilhetes e pedir comida num restaurante

T&P Books Publishing

CONTEÚDO DO GUIA DE CONVERSAÇÃO

T&P Books Publishing

O mínimo

Desculpe, ...	law samaḥt, ... لو سمحت، ...
Olá!	as salāmu ʿalaykum السلام عليكم
Obrigado /Obrigada/.	ʃukran شكرا
Adeus.	maʿ as salāma مع السلامة
Sim.	naʿam نعم
Não.	la لا
Não sei.	la aʿrif لا أعرف
Onde? | Para onde? | Quando?	ayna? | ila ayna? | mata? أين؟ | إلى أين؟ | متى؟
Preciso de ...	ana aḥtāʒ ila ... أنا أحتاج إلى...
Eu queria ...	ana urīd ... أنا أريد ...
Tem ...?	hal ʿindak ...? هل عندك ...؟
Há aqui ...?	hal yūʒad huna ...? هل يوجد هنا ...؟
Posso ...?	hal yumkinuni ...? هل يمكنني...؟
..., por favor	... min faḍlak من فضلك ...
Estou à procura de ...	abḥaθ ʿan ... أبحث عن ...
casa de banho	ḥammām حمام
Multibanco	mākīnat ṣarrāf ʾāliy ماكينة صراف آلي
farmácia	ṣaydaliyya صيدلية
hospital	mustaʃfa مستشفى
esquadra de polícia	qism aʃ ʃurṭa قسم شرطة
metro	mitru al anfāq مترو الأنفاق

táxi	taksi تاكسي
estação de comboio	maḥaṭṭat al qiṭār محطة القطار

Chamo-me ...	ismi ... إسمي...
Como se chama?	ma smuka? ما اسمك؟
Pode-me dar uma ajuda?	sāʿidni min faḍlak ساعدني من فضلك
Tenho um problema.	ʿindi muʃkila عندي مشكلة
Não me sinto bem.	la aʃʿur bi χayr لا أشعر بخير
Chame a ambulância!	ittaṣil bil isʿāf! إتصل بالإسعاف!
Posso fazer uma chamada?	hal yumkinuni iʒrāʾ mukālama tilifūniyya? هل يمكنني إجراء مكالمة هاتفية؟

Desculpe.	ana ʾāṣif أنا آسف
De nada.	al ʿafw العفو

eu	ana أنا
tu	anta أنت
ele	huwa هو
ela	hiya هي
eles	hum هم
elas	hum هم
nós	naḥnu نحن
vocês	antum أنتم
você	ḥaḍritak حضرتك

ENTRADA	duχūl دخول
SAÍDA	χurūʒ خروج
FORA DE SERVIÇO	muʿaṭṭal معطل
FECHADO	muɣlaq مغلق

ABERTO	maftūḥ مفتوح
PARA SENHORAS	lis sayyidāt للسيدات
PARA HOMENS	lir riʒāl للرجال

Perguntas

Onde?	ayna? أين؟
Para onde?	ila ayna? إلى أين؟
De onde?	min ayna? من أين؟
Porquê?	limāða? لماذا؟
Porque razão?	li ayy sabab? لأي سبب؟
Quando?	mata? متى؟
Quanto tempo?	kam waqt? كم وقتا؟
A que horas?	fi ayy sā'a? في أي ساعة؟
Quanto?	bikam? بكم؟
Tem ...?	hal 'indak ...? هل عندك ...؟
Onde fica ...?	ayna ...? أين ...؟
Que horas são?	as sā'a kam? الساعة كم؟
Posso fazer uma chamada?	hal yumkinuni iʒrā' mukālama tilifūniyya? هل يمكنني إجراء مكالمة هاتفية؟
Quem é?	man hunāk? من هناك؟
Posso fumar aqui?	hal yumkinuni at tadχīn huna? هل يمكنني التدخين هنا؟
Posso ...?	hal yumkinuni ...? هل يمكنني ...؟

Necessidades

Eu gostaria de ...	urīd an ... أريد أن...
Eu não quero ...	la urīd an ... لا أريد أن...
Tenho sede.	ana ʿatʃān أنا عطشان
Eu quero dormir.	urīd an anām أريد أن أنام
Eu queria ...	urīd an ... أريد أن...
lavar-me	aɣtasil أغتسل
escovar os dentes	unazzif asnāni أنظف أسناني
descansar um pouco	astarīḥ qalīlan أستريح قليلا
trocar de roupa	uɣayyir malābisi أغير ملابسي
voltar ao hotel	arʒiʿ ilal funduq أرجع إلى الفندق
comprar ...	aʃtari ... أشتري ...
ir para ...	aðhab ila ... أذهب إلى ...
visitar ...	azūr ... أزور ...
encontrar-me com ...	uqābil ... أقابل ...
fazer uma chamada	uʒri mukālama hātifiyya أجري مكالمة هاتفية
Estou cansado /cansada/.	ana taʿibt أنا تعبت
Nós estamos cansados /cansadas/.	naḥnu taʿibna نحن تعبنا
Tenho frio.	ana bardān أنا بردان
Tenho calor.	ana ḥarrān أنا حران
Estou bem.	ana bi xayr أنا بخير

Preciso de telefonar.	aḥtāʒ ila iʒrā' mukālama hātifiyya أحتاج إلى إجراء مكالمة هاتفية
Preciso de ir à casa de banho.	aḥtāʒ ila ḥammām أحتاج إلى حمام
Tenho de ir.	yaʒib 'alayya an aðhab يجب علي أن أذهب
Tenho de ir agora.	yaʒib 'alayya an aðhab al 'ān يجب علي أن أذهب الآن

Perguntando por direções

Desculpe, ...	law samaḥt, ... لو سمحت، ...
Onde fica ...?	ayna ...? أين ...؟
Para que lado fica ...?	ayna aṭ ṭarīq ila ...? أين الطريق إلى ...؟
Pode-me dar uma ajuda?	hal yumkinak musā'adati, min faḍlak? هل يمكنك مساعدتي، من فضلك؟
Estou à procura de ...	abḥaθ 'an ... أبحث عن ...
Estou à procura da saída.	abḥaθ 'an ṭarīq al χurūʒ أبحث عن طريق الخروج
Eu vou para ...	ana ðāhib ila... أنا ذاهب إلى...
Estou a ir bem para ...?	hal ana 'alaṭ ṭarīq as ṣaḥīḥ ila ...? هل أنا على الطريق الصحيح إلى... ؟
Fica longe?	hal huwa ba'īd? هل هو بعيد؟
Posso ir até lá a pé?	hal yumkinuni an aṣil ila hunāk māʃiyan? هل يمكنني أن أصل إلى هناك ماشيا؟
Pode-me mostrar no mapa?	arīni 'alal χarīṭa min faḍlak أريني على الخريطة من فضلك
Mostre-me onde estamos de momento.	arīni naḥnu ayna al 'ān أريني أين نحن الآن
Aqui	huna هنا
Ali	hunāk هناك
Por aqui	min huna من هنا
Vire à direita.	in'aṭif yamīnan إنعطف يمينا
Vire à esquerda.	in'aṭif yasāran إنعطف يسارا
primeira (segunda, terceira) curva	awwal (θāni, θāliθ) ʃāri' أول (ثاني، ثالث) شارع

para a direita	ilal yamīn **إلى اليمين**
para a esquerda	ilal yasār **إلى اليسار**
Vá sempre em frente.	iðhab ilal amām mubāʃaratan **إذهب إلى أمام مباشرة**

Sinais

BEM-VINDOS!	marḥaban **مرحبا**
ENTRADA	duχūl **دخول**
SAÍDA	χurūʒ **خروج**
EMPURRAR	idfa' **إدفع**
PUXAR	isḥab **إسحب**
ABERTO	maftūḥ **مفتوح**
FECHADO	muɣlaq **مغلق**
PARA SENHORAS	lis sayyidāt **للسيدات**
PARA HOMENS	lir riʒāl **للرجال**
HOMENS, CAVALHEIROS (m)	ar riʒāl **الرجال**
SENHORAS (f)	as sayyidāt **السيدات**
DESCONTOS	taχfīḍāt **تخفيضات**
SALDOS	'ūkazyūn **أوكازيون**
GRATUITO	maʒʒānan **مجانا**
NOVIDADE!	ʒadīd! **جديد!**
ATENÇÃO!	intabih! **إنتبه!**
NÃO HÁ VAGAS	la tūʒad ɣuraf χāliya **لا توجد غرف خالية**
RESERVADO	maḥʒūz **محجوز**
ADMINISTRAÇÃO	al idāra **الإدارة**
ACESSO RESERVADO	lil 'āmilīn faqaṭ **للعاملين فقط**

CUIDADO COM O CÃO	iḥtaris min al kalb! إحترس من الكلب!
NÃO FUMAR!	mamnūʿ at tadχīn! ممنوع التدخين!
NÃO MEXER!	mamnūʿ al lams! ممنوع اللمس!
PERIGOSO	χaṭīr خطير
PERIGO	χaṭar خطر
ALTA TENSÃO	ʒuhd ʿāli جهد عالي
PROIBIDO NADAR	mamnūʿ as sibāḥa! ممنوع السباحة!

FORA DE SERVIÇO	muʿaṭṭal معطل
INFLAMÁVEL	qābil lil iʃtiʿāl قابل للإشتعال
PROIBIDO	mamnūʿ ممنوع
PASSAGEM PROIBIDA	mamnūʿ at taʿaddi! ممنوع التعدي!
PINTADO DE FRESCO	ṭilāʾ ḥadīθ طلاء حديث

FECHADO PARA OBRAS	muɣlaq lit taʒdīdāt مغلق للتجديدات
TRABALHOS NA VIA	amāmak aʿmāl fiṭ ṭarīq أمامك أعمال طرق
DESVIO	taḥwīla تحويلة

Transportes. Frases gerais

avião	ṭā'ira **طائرة**
comboio	qiṭār **قطار**
autocarro	ḥāfila **حافلة**
ferri	safīna **سفينة**
táxi	taksi **تاكسي**
carro	sayyāra **سيارة**
horário	ʒadwal **جدول**
Onde posso ver o horário?	ayna yumkinuni an ara al ʒadwal? **أين يمكنني أن أرى الجدول؟**
dias de trabalho	ayyām al usbū' **أيام الأسبوع**
fins de semana	nihāyat al usbū' **نهاية الأسبوع**
férias	ayyām al 'uṭla ar rasmiyya **أيام العطلة الرسمية**
PARTIDA	al muɣādara **المغادرة**
CHEGADA	al wuṣūl **الوصول**
ATRASADO	muta'aχχira **متأخرة**
CANCELADO	ulɣiyat **ألغيت**
próximo (comboio, etc.)	al qādim **القادم**
primeiro	al awwal **الأول**
último	al aχīr **الأخير**
Quando é o próximo ...?	mata al ... al qādim? **متى الـ ... القادم؟**
Quando é o primeiro ...?	mata awwal ...? **متى أول ...؟**

Quando é o último ...?	mata 'āχir ...? **متى آخر ...؟**
transbordo	taɣyīr **تغيير**
fazer o transbordo	uɣayyir **أغير**
Preciso de fazer o transbordo?	hal yaʒib 'alayya taɣyīr al ...? **هل يجب علي تغيير الـ...؟**

Comprando bilhetes

Onde posso comprar bilhetes?	ayna yumkinuni ʃirā' tazākir? أين يمكنني شراء التذاكر؟
bilhete	taðkara تذكرة
comprar um bilhete	ʃirā' at taðkira شراء تذكرة
preço do bilhete	si'r at taðkira سعر التذكرة
Para onde?	ila ayna? إلى أين؟
Para que estação?	ila ayy maḥaṭṭa? إلى أي محطة؟
Preciso de ...	ana urīd ... أنا أريد ...
um bilhete	taðkara wāḥida تذكرة واحدة
dois bilhetes	taðkaratayn تذكرتين
três bilhetes	θalāθat taðākir ثلاث تذاكر
só de ida	ðahāb faqaṭ ذهاب فقط
de ida e volta	ðahāban wa iyāban ذهابا وإيابا
primeira classe	ad daraʒa al ūla الدرجة الأولى
segunda classe	ad daraʒa aθ θāniya الدرجة الثانية
hoje	al yawm اليوم
amanhã	ɣadan غدا
depois de amanhã	ba'd ɣad بعد غد
de manhã	fiṣ ṣabāḥ في الصباح
à tarde	ba'd aẓ ẓuhr بعد الظهر
ao fim da tarde	fil masā' في المساء

lugar de corredor	maq'ad bi ʒānib al mamarr مقعد بجانب الممر
lugar à janela	maq'ad bi ʒānib an nāfiða مقعد بجانب النافذة
Quanto?	bikam? بكم؟
Posso pagar com cartão de crédito?	hal yumkinuni an adfa' bi biṭāqat i'timān? هل يمكنني أن أدفع ببطاقة إئتمان؟

Autocarro

autocarro	ḥāfila
	حافلة
camioneta (autocarro interurbano)	ḥāfila bayn al mudun
	حافلة بين المدن
paragem de autocarro	maḥaṭṭat al ḥāfilāt
	محطة الحافلات
Onde é a paragem de autocarro mais perto?	ayna aqrab maḥaṭṭat al ḥāfilāt?
	أين أقرب محطة الحافلات؟
número	raqm
	رقم
Qual o autocarro que apanho para ...?	ayy ḥāfila taˈxuðuni ila ...?
	أي حافلة تأخذني إلى...؟
Este autocarro vai até ...?	hal taðhab haðihil ḥāfila ila ...?
	هل تذهب هذه الحافلة إلى...؟
Com que frequência passam os autocarros?	kam marra taðhab al ḥāfilāt?
	كم مرة تذهب الحافلات؟
de 15 em 15 minutos	kull xams ˈaʃara daqīqa
	كل 15 دقيقة
de meia em meia hora	kull niṣf sāˈa
	كل نصف ساعة
de hora a hora	kull sāˈa
	كل ساعة
várias vezes ao dia	ˈiddat marrāt fil yawm
	عدة مرات في اليوم
... vezes ao dia	... marrāt fil yawm
	... مرات في اليوم
horário	ʒadwal
	جدول
Onde posso ver o horário?	ayna yumkinuni an ara al ʒadwal?
	أين يمكنني أن أرى الجدول؟
Quando é o próximo autocarro?	mata al ḥāfila al qādima?
	متى الحافلة القادمة؟
Quando é o primeiro autocarro?	mata awwal ḥāfila?
	متى أول حافلة؟
Quando é o último autocarro?	mata ˈāxir ḥāfila?
	متى آخر حافلة؟
paragem	maḥaṭṭa
	محطة
próxima paragem	al maḥaṭṭa al qādima
	المحطة القادمة

última paragem	āχir mahatta آخر محطة
Pare aqui, por favor.	qif huna min fadlak قف هنا من فضلك
Desculpe, esta é a minha paragem.	law samaht, haðihi mahattati لو سمحت، هذه محطتي

Comboio

comboio	qiṭār قطار
comboio sub-urbano	qiṭār aḍ ḍawāḥi قطار الضواحي
comboio de longa distância	qiṭār al masāfāt aṭ ṭawīla قطار المسافات الطويلة
estação de comboio	maḥaṭṭat al qiṭārāt محطة القطارات
Desculpe, onde fica a saída para a plataforma?	law samaḥt, ayna aṭ ṭarīq ilar raṣīf لو سمحت، أين الطريق إلى الرصيف؟
Este comboio vai até ...?	ha yatawaʒʒah haðal qiṭār ila ...? هل يتوجه هذا القطار إلى ...؟
próximo comboio	al qiṭār al qādim القطار القادم
Quando é o próximo comboio?	mata al qiṭār al qādim? متى القطار القادم؟
Onde posso ver o horário?	ayna yumkinuni an ara al ʒadwal? أين يمكنني أن أرى الجدول؟
Apartir de que plataforma?	min ayy raṣīf? من أي رصيف؟
Quando é que o comboio chega a ...?	mata yaṣil al qiṭār ila ...? متى يصل القطار إلى... ؟
Ajude-me, por favor.	sāʿidni min faḍlak ساعدني من فضلك
Estou à procura do meu lugar.	ana abḥaθ ʿan maqʿadi أنا أبحث عن مقعدي
Nós estamos à procura dos nossos lugares.	naḥnu nabḥaθ ʿan maqāʿidina نحن نبحث عن مقاعدنا
O meu lugar está ocupado.	maqʿadi maʃɣūl مقعدي مشغول
Os nossos lugares estão ocupados.	maqāʿiduna maʃɣūla مقاعدنا مشغولة
Peço desculpa mas este é o meu lugar.	ana ʾāsif lakin haða maqʿadi أنا آسف، ولكن هذا مقعدي
Este lugar está ocupado?	hal haðal maqʿad maḥʒūz? هل هذا المقعد محجوز؟
Posso sentar-me aqui?	hal yumkinuni an aqʿud huna? هل يمكنني أن أقعد هنا؟

No comboio. Diálogo (Sem bilhete)

Bilhete, por favor.	taðākir min faḍlak تذاكر من فضلك
Não tenho bilhete.	laysat ʿindi taðkira ليست عندي تذكرة
Perdi o meu bilhete.	taðkarati ḍāʿat تذكرتي ضاعت
Esqueci-me do bilhete em casa.	nasīt taðkirati fil bayt نسيت تذكرتي في البيت
Pode comprar um bilhete a mim.	yumkinak an taʃtari minni taðkira يمكنك أن تشتري مني تذكرة
Terá também de pagar uma multa.	kama yaʒib ʿalayk an tadfaʿ ɣarāma كما يجب عليك أن تدفع غرامة
Está bem.	ḥasanan حسنا
Onde vai?	ila ayna taðhab? إلى أين تذهب؟
Eu vou para ...	aðhab ila ... أذهب إلى ...
Quanto é? Eu não entendo.	bikam? ana la afham بكم؟ أنا لا أفهم
Escreva, por favor.	uktubha min faḍlak إكتبها من فضلك
Está bem. Posso pagar com cartão de crédito?	ḥasanan. hal yumkinuni an adfaʿ bi biṭāqat iʾtimān? حسنا. هل يمكنني أن أدفع ببطاقة إئتمان؟
Sim, pode.	naʿam yumkinuk نعم يمكنك
Aqui tem a sua fatura.	tafaḍḍal al ʾīṣāl تفضل الإيصال
Desculpe pela multa.	ʾāsif bi χuṣūṣ al ɣarāma أنا آسف بخصوص الغرامة
Não tem mal. A culpa foi minha.	laysa hunāk ayy muʃkila. haðihi ɣalṭati ليس هناك أي مشكلة. هذه غلطتي
Desfrute da sua viagem.	istamtaʿ bi riḥlatak إستمتع برحلتك

Taxi

táxi	taksi **تاكسي**
taxista	sā'iq at taksi **سائق التاكسي**
apanhar um táxi	'āχuð taksi **أخذ تاكسي**
paragem de táxis	mawqif taksi **موقف تاكسي**
Onde posso apanhar um táxi?	ayna yumkinuni an 'āχuð taksi? **أين يمكنني أن آخذ تاكسي؟**
chamar um táxi	ṭalab taksi **طلب تاكسي**
Preciso de um táxi.	aḥtāʒ ila taksi **أحتاج إلى تاكسي**
Agora.	al 'ān **الآن**
Qual é a sua morada?	ma huwa ʿunwānak? **ما هو عنوانك؟**
A minha morada é ...	ʿunwāni fi ... **عنواني في ...**
Qual o seu destino?	ila ayna taðhab? **إلى أين تذهب؟**
Desculpe, ...	law samaḥt, ... **لو سمحت، ...**
Está livre?	hal anta fādy? **هل أنت فاضي؟**
Em quanto fica a corrida até ...?	kam adfaʿ li aṣil ila ...? **كم أدفع لأصل إلى...؟**
Sabe onde é?	hal taʿrif ayna hiya? **هل تعرف أين هي؟**
Para o aeroporto, por favor.	ilal maṭār min faḍlak **إلى المطار من فضلك**
Pare aqui, por favor.	qif huna min faḍlak **قف هنا، من فضلك**
Não é aqui.	innaha laysat huna **إنها ليست هنا**
Esta morada está errada. (Não é aqui)	al ʿunwān χāṭi' **العنوان خاطئ**
Vire à esquerda.	inʿaṭif ilal yasār **إنعطف إلى اليسار**
Vire à direita.	inʿaṭif ilal yamīn **إنعطف إلى اليمين**

Quanto lhe devo?	kam ana mudīn lak? كم أنا مدين لك؟
Queria fatura, por favor.	a'ṭini 'īṣāl min faḍlak. أعطني إيصالا، من فضلك.
Fique com o troco.	iḥtafiẓ bil bāqi إحتفظ بالباقي

Espere por mim, por favor.	intaẓirni min faḍlak إنتظرني من فضلك
5 minutos	χams daqā'iq خمس دقائق
10 minutos	ʿaʃar daqā'iq عشر دقائق
15 minutos	rubʿ sāʿa ربع ساعة
20 minutos	θulθ sāʿa ثلث ساعة
meia hora	niṣf sāʿa نصف ساعة

Hotel

Olá!	as salāmu ʿalaykum **السلام عليكم**
Chamo-me ...	ismi ... **إسمي ...**
Tenho uma reserva.	ʿindi ḥaʒz **لدي حجز**
Preciso de ...	urīd ... **أريد ...**
um quarto de solteiro	ɣurfa li ʃaχṣ wāḥid **غرفة لشخص واحد**
um quarto de casal	ɣurfa li ʃaχṣayn **غرفة لشخصين**
Quanto é?	kam siʿruha? **كم سعرها؟**
Está um pouco caro.	hiya ɣāliya **هي غالية**
Não tem outras opções?	hal ʿindak χiyārāt uχra? **هل عندك خيارات أخرى؟**
Eu fico com ele.	āχuðuha **آخذها**
Eu pago em dinheiro.	adfaʿ naqdan **أدفع نقدا**
Tenho um problema.	ʿindi muʃkila **عندي مشكلة**
O meu ... está partido /A minha ... está partida/.	... muʿaṭṭal **... معطل**
O meu ... está avariado /A minha ... está avariada/.	... muʿaṭṭal /muʿaṭṭala/ **...معطلة/ معطل/**
televisor (m)	at tilivizyūn **التليفزيون**
ar condicionado (m)	at takyīf **التكييف**
torneira (f)	al ḥanafiyya **الحنفية**
duche (m)	ad duʃ **الدوش**
lavatório (m)	al ḥawḍ **الحوض**
cofre (m)	al χazīna **الخزينة**

fechadura (f)	qifl al bāb **قفل الباب**
tomada elétrica (f)	maχraʒ al kahrabā' **مخرج الكهرباء**
secador de cabelo (m)	muʒaffif aʃ ʃa'r **مجفف الشعر**
Não tenho ...	laysa ladayya ... **ليس لدي ...**
água	mā' **ماء**
luz	nūr **نور**
eletricidade	kahrabā' **كهرباء**
Pode dar-me ...?	hal yumkinak an ta'ṭīni ...? **هل يمكنك أن تعطيني ...؟**
uma toalha	fūṭa **فوطة**
um cobertor	baṭṭāniyya **بطانية**
uns chinelos	ʃabāʃib **شباشب**
um roupão	rūb **روب**
algum champô	ʃambu **شامبو**
algum sabonete	ṣābūn **صابون**
Gostaria de trocar de quartos.	urīd an uɣayyir al ɣurfa **أريد أن أغير الغرفة**
Não consigo encontrar a minha chave.	la astatī' an aʒid miftāḥi **لا أستطيع أن أجد مفتاحي**
Abra-me o quarto, por favor.	iftaḥ ɣurfati min faḍlak **إفتح غرفتي من فضلك**
Quem é?	man hunāk? **من هناك؟**
Entre!	tafaḍḍal! **تفضل!**
Um minuto!	daqīqa wāḥida! **دقيقة واحدة!**
Agora não, por favor.	laysa al 'ān min faḍlak **ليس الآن من فضلك**
Venha ao meu quarto, por favor.	ta'āla ila ɣurfati law samaḥt **تعال إلى غرفتي لو سمحت**
Gostaria de encomendar comida.	urīd an yuḥḍar aṭ ṭa'ām ila ɣurfati **أريد أن يحضر الطعام إلى غرفتي**
O número do meu quarto é ...	raqm gurfati huwa ... **رقم غرفتي هو ...**

Estou de saída ...	uɣādir ... **... أغادر**
Estamos de saída ...	nuɣādir ... **... نغادر**
agora	al 'ān **الآن**
esta tarde	ba'd aẓ ẓuhr **بعد الظهر**
hoje à noite	masā' al yawm **مساء اليوم**
amanhã	ɣadan **غداً**
amanhã de manhã	ṣabāḥ al ɣad **صباح الغد**
amanhã ao fim da tarde	masā' al ɣad **مساء الغد**
depois de amanhã	ba'd ɣad **بعد غد**

Gostaria de pagar.	urīd an adfa' **أريد أن أدفع**
Estava tudo maravilhoso.	kull ʃay' kān rā'i' **كل شيء كان رائعا**
Onde posso apanhar um táxi?	ayna yumkinuni an 'āχuð taksi? **أين يمكنني أن آخذ تاكسي؟**
Pode me chamar um táxi, por favor?	hal yumkinak an taṭlub li taksi law samaḥt? **هل يمكنك أن تطلب لي تاكسي لو سمحت؟**

Restaurante

Posso ver o menu, por favor?	hal yumkinuni an ara qā'imat aṭ ṭa'ām min faḍlak? هل يمكنني أن أرى قائمة الطعام من فضلك؟
Mesa para um.	mā'ida li ʃaχṣ wāḥid مائدة لشخص واحد
Somos dois (três, quatro).	naḥnu iθnān (θalāθa, arba'a) نحن إثنان (ثلاثة، أربعة)
Para fumadores	lil mudaχχinīn للمدخنين
Para não fumadores	li ɣayr al mudaχχinīn لغير المدخنين
Por favor!	law samaḥt لو سمحت
menu	qā'imat aṭ ṭa'ām قائمة الطعام
lista de vinhos	qā'imat an nabīð قائمة النبيذ
O menu, por favor.	al qā'ima, law samaḥt القائمة، لو سمحت
Já escolheu?	hal anta musta'idd liṭ ṭalab? هل أنت مستعد للطلب؟
O que vai tomar?	māða tā'χuð? ماذا تأخذ؟
Eu quero ...	ana 'āḥχuð ... أنا آخذ ...
Eu sou vegetariano /vegetariana/.	ana nabātiy أنا نباتي
carne	laḥm لحم
peixe	samak سمك
vegetais	χuḍār خضار
Tem pratos vegetarianos?	hal 'indak aṭbāq nabātiyya? هل عندك أطباق نباتية؟
Não como porco.	la 'ākul al χinzīr لا آكل لحم الخنزير
Ele /ela/ não come porco.	huwa la ya'kul /hiya la ta'kul / al laḥm هو لا يأكل /هي لا تأكل/ اللحم

Sou alérgico /alérgica/ a ...
ʿindi ḥassāsiyya ḍidda ...
عندي حساسية ضد ...

Por favor, pode trazer-me ...?
aḥḍir li ... min faḍlak
أحضر لي... من فضلك

sal | pimenta | açucar
milḥ | filfil | sukkar
سكر | فلفل | ملح

café | chá | sobremesa
qahwa | ʃāy | ḥalwa
حلوى | شاي | قهوة

água | com gás | sem gás
miyāh | ɣāziyya | bidūn ɣāz
بدون غاز | غازية | مياه

uma colher | um garfo | uma faca
milʿaqa | ʃawka | sikkīn
سكين | شوكة | ملعقة

um prato | um guardanapo
ṭabaq | fūṭa
فوطة | طبق

Bom apetite!
bil hinā' waʃ ʃifā'
بالهناء والشفاء

Mais um, por favor.
wāḥida kamān law samaḥt
واحدة كمان من فضلك

Estava delicioso.
kānat laðīða giddan
كانت لذيذة جدا

---

conta | troco | gorjeta
ḥisāb | fakka | baqʃīʃ
بقشيش | فكة | حساب

A conta, por favor.
aḥḍir li al ḥisāb min faḍlak?
أحضر لي الحساب من فضلك

Posso pagar com cartão de crédito?
hal yumkinuni an adfaʿ bi biṭāqat iʾtimān?
هل يمكنني أن أدفع ببطاقة إئتمان؟

Desculpe, mas tem um erro aqui.
ana 'āsif, hunāk χaṭa'
أنا آسف، هناك خطأ

Centro Comercial

Posso ajudá-lo /ajudá-la/?	momken ysā'idak? هل أستطيع أن أساعدك؟
Tem ...?	hal 'indak ...? هل عندك ...؟
Estou à procura de ...	ana abhaθ 'an ... أنا أبحث عن ...
Preciso de ...	urīd ... أريد ...
Estou só a ver.	ana faqat anẓur أنا فقط أنظر
Estamos só a ver.	naḥnu faqat nanẓur نحن فقط ننظر
Volto mais tarde.	sa'a'ūd lāḥiqan سأعود لاحقا
Voltamos mais tarde.	sana'ūd lāḥiqan سنعود لاحقا
descontos | saldos	taχfīḍāt | 'ūkazyūn أوكازيونا تخفيضات
Mostre-me, por favor ...	arīni ... min faḍlak أريني ... من فضلك
Dê-me, por favor ...	a'ṭini ... min faḍlak أعطني ... من فضلك
Posso experimentar?	hal yumkin an uʒarribahu? هل يمكن أن أجربه؟
Desculpe, onde fica a cabine de prova?	law samaḥt, ayna γurfat al qiyās? لو سمحت، أين غرفة القياس؟
Que cor prefere?	ayy lawn turīd? أي لون تريد؟
tamanho | cvomprimento	maqās | ṭūl طول امقاس
Como lhe fica?	hal yunāsibak? هل يناسبك؟
Quanto é que isto custa?	bikam? بكم؟
É muito caro.	haδa γāli ʒiddan هذا غال جدا
Eu fico com ele.	aʃtarīhi أشتريه
Desculpe, onde fica a caixa?	ayna yumkinuni an adfa' law samaḥt? أين يمكنني أن أدفع لو سمحت؟

Vai pagar a dinheiro ou com cartão de crédito?	hal tadfa' naqdan aw bi biṭāqat i'timān? **هل تدفع نقدا أو ببطاقة إئتمان؟**
A dinheiro | com cartão de crédito	naqdan | bi biṭāqat i'timān **نقدا | ببطاقة إئتمان**

Pretende fatura?	hal turīd 'īṣāl? **هل تريد إيصالا؟**
Sim, por favor.	na'am, min faḍlak **نعم، من فضلك**
Não. Está bem!	la, laysa hunāk ayy moʃkila **لا، ليس هناك أي مشكلة**
Obrigado /Obrigada/. Tenha um bom dia!	ʃukran. yawmak sa'īd **شكرا. يومك سعيد**

Na cidade

Desculpe, por favor ...	law samaḥt لو سمحت
Estou à procura ...	ana abḥaθ 'an ... أنا أبحث عن ...
do metro	mitru al anfāq مترو الأنفاق
do meu hotel	funduqi فندقي
do cinema	as sinima السينما
da praça de táxis	mawqif taksi موقف تاكسي
do multibanco	mākīnat ṣarrāf 'āliy ماكينة صراف آلي
de uma casa de câmbio	maktab ṣarrāfa مكتب صرافة
de um café internet	maqha intirnit مقهى انترنت
da rua ...	ʃāri'... شارع ...
deste lugar	haðal makān هذا المكان
Sabe dizer-me onde fica ...?	hal ta'rif ayna ...? هل تعرف أين ...؟
Como se chama esta rua?	ma ism haðaʃ ʃāri'? ما اسم هذا الشارع؟
Mostre-me onde estamos de momento.	arīni naḥnu ayna al 'ān? أريني أين نحن الآن؟
Posso ir até lá a pé?	hal yumkinuni an aṣil ila hunāk māʃiyan? هل يمكنني أن أصل إلى هناك ماشيا؟
Tem algum mapa da cidade?	hal 'indak χarīṭa lil madīna? هل عندك خريطة للمدينة؟
Quanto custa a entrada?	bikam taðkarat ad duχūl? بكم تذكرة الدخول؟
Pode-se fotografar aqui?	hal yumkinuni at taṣwīr huna? هل يمكنني التصوير هنا؟
Estão abertos?	hal ... maftūḥ? هل ... مفتوح؟

A que horas abrem?	mata taftaḥūn? **متى تفتحون؟**
A que horas fecham?	mata tuɣliqūn? **متى تغلقون؟**

Dinheiro

dinheiro	nuqūd نقود
a dinheiro	naqd نقد
dinheiro de papel	ʿumla waraqiyya عملة ورقية
troco	fakka فكة
conta | troco | gorjeta	ḥisāb | fakka | baqʃiʃ حساب | فكة | بقشيش
cartão de crédito	bitāqat iʾtimān بطاقة إئتمان
carteira	maḥfaẓat nuqūd محفظة نقود
comprar	ʃirāʾ شراء
pagar	dafʿ دفع
multa	ɣarāma غرامة
gratuito	maʒʒānan مجانا
Onde é que posso comprar …?	ayna yumkinuni ʃirāʾ …? أين يمكنني شراء ...؟
O banco está aberto agora?	hal al bank maftūḥ al ʾān? هل البنك مفتوح الآن؟
Quando abre?	mata taftaḥ? متى يفتح؟
Quando fecha?	mata yuɣliq? متى يغلق؟
Quanto?	bikam? بكم؟
Quanto custa isto?	bikam haða? بكم هذا؟
É muito caro.	haða ɣāli ʒiddan هذا غال جدا
Desculpe, onde fica a caixa?	ayna yumkinuni an adfaʿ law samaḥt? أين يمكنني أن أدفع لو سمحت؟
A conta, por favor.	al ḥisāb min faḍlak الحساب من فضلك

Posso pagar com cartão de crédito?	hal yumkinuni an adfaʿ bi biṭāqat iʾtimān? هل يمكنني أن أدفع ببطاقة إئتمان؟
Há algum Multibanco aqui?	hal tūʒad huna mākīnat ṣarrāf ʾāliy? هل توجد هنا ماكينة صراف آلي؟
Estou à procura de um Multibanco.	ana abḥaθ ʿan mākīnat ṣarrāf ʾāliy أنا أبحث عن ماكينة صراف آلي

Estou à procura de uma casa de câmbio.	ana abḥaθ ʿan maktab ṣarrāfa أنا أبحث عن مكتب صرافة
Eu gostaria de trocar ...	urīd taɣyīr ... أريد تغيير ...
Qual a taxa de câmbio?	kam siʿr al ʿumla? كم سعر العملة؟
Precisa do meu passaporte?	hal taḥtāʒ ila ʒawāz safari? هل تحتاج إلى جواز سفري؟

Tempo

Que horas são?	as sāʿa kam? الساعة كم؟
Quando?	mata? متى؟
A que horas?	fi ayy sāʿa? في أي ساعة؟
agora | mais tarde | depois ...	al ʾān | fi waqt lāḥiq | baʿd ... بعد ... | في وقت لاحق | الآن

uma em ponto	as sāʿa al wāḥida الساعة الواحدة
uma e quinze	as sāʿa al wāḥida wa ar rubʿ الساعة الواحدة والربع
uma e trinta	as sāʿa al wāḥida wa an niṣf الساعة الواحدة والنصف
uma e quarenta e cinco	as sāʿa aθ θāniya illa rubʿ الساعة الثانية إلا ربعا

um | dois | três	al wāḥida | aθ θāniya | aθ θāliθa الثالثة | الثانية | الواحدة
quatro | cinco | seis	ar rābiʿa | al χāmisa | as sādisa السادسة | الخامسة | الرابعة
set | oito | nove	as sābiʿa | aθ θāmina | at tāsiʿa التاسعة | الثامنة | السابعة
dez | onze | doze	al ʿāʃira | al ḥādiya ʿaʃara | aθ θāniya ʿaʃara الثانية عشرة | الحادية عشرة | العاشرة

dentro de ...	baʿd ... بعد ...
5 minutos	χams daqāʾiq خمس دقائق
10 minutos	ʿaʃar daqāʾiq عشر دقائق
15 minutos	rubʿ sāʿa ربع ساعة
20 minutos	θulθ sāʿa ثلث ساعة
meia hora	niṣf sāʿa نصف ساعة
uma hora	sāʿa ساعة

de manhã	fiṣ ṣabāḥ في الصباح
de manhã cedo	fiṣ ṣabāḥ al bākir في الصباح الباكر
esta manhã	ṣabāḥ al yawm صباح اليوم
amanhã de manhã	ṣabāḥ al ɣad صباح الغد
ao meio-dia	fi muntaṣif an nahār في منتصف النهار
à tarde	ba‘d aẓ ẓuhr بعد الظهر
à noite (das 18h às 24h)	fil masā' في المساء
esta noite	masā' al yawm مساء اليوم
à noite (da 0h às 6h)	bil layl بالليل
ontem	amṣ أمس
hoje	al yawm اليوم
amanhã	ɣadan غدا
depois de amanhã	ba‘d ɣad بعد غد
Que dia é hoje?	fi ayy yawm naḥnu? في أي يوم نحن؟
Hoje é …	naḥnu fi … نحن في …
segunda-feira	al iθnayn الإثنين
terça-feira	aθ θulāθā' الثلاثاء
quarta-feira	al 'arbi‘ā' الأربعاء
quinta-feira	al χamīs الخميس
sexta-feira	al ʒum‘a الجمعة
sábado	as sabt السبت
domingo	al aḥad الأحد

Saudações. Apresentações

Olá!	as salāmu 'alaykum السلام عليكم
Prazer em conhecê-lo /conhecê-la/.	ana sa'īd ʒiddan bi liqā'ik أنا سعيد جدا بلقائك
O prazer é todo meu.	ana as'ad أنا أسعد
Apresento-lhe ...	awudd an u'arrifak bi ... أود أن أعرفك بـ ...
Muito prazer.	furṣa sa'īda فرصة سعيدة
Como está?	kayf ḥālak? كيف حالك؟
Chamo-me ...	ismi ... أسمي ...
Ele chama-se ...	ismuhu ... إسمه ...
Ela chama-se ...	ismuha ... إسمها ...
Como é que o senhor /a senhora/ se chama?	ma smuka? ما اسمك؟
Como é que ela se chama?	ma smuhu? ما اسمه؟
Como é que ela se chama?	ma smuha? ما اسمها؟
Qual o seu apelido?	ma huwa ism 'ā'ilatak? ما هو إسم عائلتك؟
Pode chamar-me ...	yumkinak an tunādīni bi... يمكنك أن تناديني بـ...
De onde é?	min ayna anta? من أين أنت؟
Sou de ...	ana min ... أنا من ...
O que faz na vida?	māða ta'mal? ماذا تعمل؟
Quem é este?	man haða من هذا؟
Quem é ele?	man huwa? من هو؟
Quem é ela?	man hiya? من هي؟
Quem são eles?	man hum? من هم؟

Este é ...	haða huwa /haðihi hiya/ ... هذا هو /هذه هي... /
o meu amigo	ṣadīqi صديقي
a minha amiga	ṣadīqati صديقتي
o meu marido	zawʒi زوجي
a minha mulher	zawʒati زوجتي

o meu pai	abi أبي
a minha mãe	ummi أمي
o meu irmão	axi أخي
o meu filho	ibni إبني
a minha filha	ibnati إبنتي

Este é o nosso filho.	haða huwa ibnuna هذا هو ابننا
Este é a nossa filha.	haðihi hiya ibnatuna هذه هي ابنتنا
Estes são os meus filhos.	ha'ulā' awlādi هؤلاء أولادي
Estes são os nossos filhos.	ha'ulā' awlāduna هؤلاء أولادنا

Despedidas

Adeus!	as salāmu ʻalaykum السلام عليكم
Tchau!	maʻ as salāma مع السلامة
Até amanhã.	ilal liqā' ɣadan إلى اللقاء غدا
Até breve.	ilal liqā' إلى اللقاء
Até às sete.	ilal liqā' as sāʻa as sābiʻa إلى اللقاء الساعة السابعة
Diverte-te!	atamanna laka waqtan ṭayyiban! أتمنى لكم وقتا طيبا!
Falamos mais tarde.	ukallimuka lāḥiqan أكلمك لاحقا
Bom fim de semana.	ʻuṭlat usbūʻ saʻīda عطلة أسبوع سعيدة
Boa noite.	taṣbaḥ ʻala ɣayr تصبح على خير
Está na hora.	innahu waqt ðahābi إنه وقت ذهابي
Preciso de ir embora.	yaʒib ʻalayya an aðhab يجب علي أن أذهب
Volto já.	sa'aʻūd ḥālan سأعود حالا
Já é tarde.	al waqt muta'aɣɣar الوقت متأخر
Tenho de me levantar cedo.	yaʒib ʻalayya an anhaḍ bākiran يجب علي أن أنهض باكرا
Vou-me embora amanhã.	innani uɣādir ɣadan إنني أغادر غدا
Vamos embora amanhã.	innana nuɣādir ɣadan إننا نغادر غدا
Boa viagem!	riḥla saʻīda! رحلة سعيدة!
Tive muito prazer em conhecer-vos.	furṣa saʻīda فرصة سعيدة
Foi muito agradável falar consigo.	kān laṭīf at taḥadduθ maʻak كان لطيفا التحدث معك
Obrigado /Obrigada/ por tudo.	ʃukran ʻala kull ʃay' شكرا على كل شيء

Passei um tempo muito agradável.	qaḍayt waqt ʒayyidan قضيت وقتا جيدا
Passámos um tempo muito agradável.	qaḍayna waqt ʒayyidan قضينا وقتا جيدا
Foi mesmo fantástico.	kull ʃayʾ kān rāʾiʿ كل شيء كان رائعا
Vou ter saudades suas.	saʾaʃtāq ilayk سأشتاق إليك
Vamos ter saudades suas.	sanaʃtāq ilayk سنشتاق إليك

Boa sorte!	bit tawfīq! maʿ as salāma! بالتوفيق! مع السلامة!
Dê cumprimentos a ...	taḥīyyāti li ... تحياتي لـ...

Língua estrangeira

Eu não entendo.	ana la afham أنا لا أفهم
Escreva isso, por favor.	uktubha min faḍlak إكتبها من فضلك
O senhor /a senhora/ fala ...?	hal tatakallam bi ...? هل تتكلم بـ...؟
Eu falo um pouco de ...	atakallam bi ... qalīlan أتكلم بـ ... قليلا
Inglês	al inʒlīziyya الإنجليزية
Turco	at turkiyya التركية
Árabe	al ʿarabiyya العربية
Francês	al faransiyya الفرنسية
Alemão	al almāniyya الألمانية
Italiano	al iṭāliyya الإيطالية
Espanhol	al isbāniyya الإسبانية
Português	al burtuɣāliyya البرتغالية
Chinês	aṣ ṣīniyya الصينية
Japonês	al yabāniyya اليابانية
Pode repetir isso, por favor.	hal yumkinuka tikrār min faḍlak? هل يمكنك تكرار من فضلك؟
Compreendo.	ana afham انا أفهم
Eu não entendo.	ana la afham أنا لا أفهم
Por favor fale mais devagar.	takallam bi buṭʾ akθar min faḍlak تكلم ببطء أكثر من فضلك
Isso está certo?	hal haða ṣaḥīḥ? هل هذا صحيح؟
O que é isto? (O que significa?)	māða yaʿni? ماذا يعني؟

Desculpas

Desculpe-me, por favor.	la tu'āχiðni min faḍlak لا تؤاخذني من فضلك
Lamento.	ana 'āṣif أنا آسف
Tenho muita pena.	ana 'āsif ʒiddan أنا آسف جدا
Desculpe, a culpa é minha.	ana 'āsif innaha ɣalṭati أنا آسف، إنها غلطتي
O erro foi meu.	χaṭa'i خطئي

Posso ...?	hal yumkinuni ...? هل يمكنني ...؟
O senhor /a senhora/ não se importa se eu ...?	hal tumāni' law ...? هل تمانع لو ...؟
Não faz mal.	laysa hunāk ayy muʃkila ليس هناك أي مشكلة
Está tudo em ordem.	kull ʃay' 'ala ma yurām كل شيء على ما يرام
Não se preocupe.	la taqlaq لا تقلق

Acordo

Sim.	na'am نعم
Sim, claro.	aʒl أجل
Está bem!	ḥasanan حسنا
Muito bem.	ʒayyid ʒiddan جيد جدا
Claro!	bit ta'kīd! !بالتأكيد
Concordo.	ana muwāfiq أنا موافق
Certo.	haða ṣaḥīḥ هذا صحيح
Correto.	haða ṣaḥīḥ هذا صحيح
Tem razão.	kalāmak ṣaḥīḥ كلامك صحيح
Eu não me oponho.	ana la umāni' أنا لا أمانع
Absolutamente certo.	anta muḥiqq tamāman أنت محق تماما
É possível.	innahu min al mumkin إنه من الممكن
É uma boa ideia.	innaha fikra ʒayyida إنها فكرة جيدة
Não posso recusar.	la astaṭī' an aqūl la لا أستطيع أن أقول لا
Terei muito gosto.	sa'akūn sa'īdan سأكون سعيدا
Com prazer.	bi kull surūr بكل سرور

Recusa. Expressão de dúvida

Não.	la لا
Claro que não.	ṭab'an la طبعا لا
Não concordo.	lastu muwāfiq لست موافقا
Não creio.	la aẓunn ðalika لا أظن ذلك
Isso não é verdade.	laysa haða ṣaḥīḥ ليس هذا صحيحا
O senhor /a senhora/ não tem razão.	axṭa'ta أخطأت
Acho que o senhor /a senhora/ não tem razão.	aẓunn annaka axṭa't أظن أنك أخطأت
Não tenho a certeza.	lastu muta'akkid لست متأكدا
É impossível.	haða mustaḥīl هذا مستحيل
De modo algum!	la ʃay' min haðan naw' لا شيء من هذا النوع
Exatamente o contrário.	al 'aks tamāman العكس تماما
Sou contra.	ana ḍidda ðalika أنا ضد ذلك
Não me importo.	la yuhimmuni ðalika لا يهمني ذلك
Não faço ideia.	laysa ladayya ayy fikra ليس لدي أي فكرة
Não creio.	aʃukk fe ðalik أشك في ذلك
Desculpe, mas não posso.	'āsif la astaṭī' آسف، لا أستطيع
Desculpe, mas não quero.	'āsif la urīd ðalika آسف، لا أريد ذلك
Desculpe, não quero isso.	ʃukran, wa lakinnani la aḥtāʒ ila ðalika شكرا، ولكنني لا أحتاج إلى ذلك
Já é muito tarde.	al waqt muta'axxar الوقت متأخر

Tenho de me levantar cedo.	yaʒib ʿalayya an anhaḍ bākiran **يجب علي أن أنهض باكرا**
Não me sinto bem.	la aʃur bi χayr **لا أشعر بخير**

Expressão de gratidão

Obrigado /Obrigada/.	ʃukran شكرا
Muito obrigado /obrigada/.	ʃukran ʒazīlan شكرا جزيلا
Fico muito grato /grata/.	ana uqaddir ðalika ḥaqqan أنا أقدر ذلك حقا
Estou-lhe muito reconhecido.	ana mumtann lak ʒiddan أنا ممتن لك جدا
Estamos-lhe muito reconhecidos.	naḥnu mumtannīn lak ʒiddan نحن ممتنون لك جدا
Obrigado /Obrigada/ pelo seu tempo.	ʃukran ʿala waqtak شكرا على وقتك
Obrigado /Obrigada/ por tudo.	ʃukran ʿala kull ʃayʾ شكرا على كل شيء
Obrigado /Obrigada/ ...	ʃukran ʿala ... شكرا على ...
... pela sua ajuda	musāʿadatak مساعدتك
... por este tempo bem passado	al waqt al laṭīf الوقت اللطيف
... pela comida deliciosa	waʒba rāʾiʿa وجبة رائعة
... por esta noite agradável	amsiyya mumtiʿa أمسية ممتعة
... pelo dia maravilhoso	yawm rāʾiʿ يوم رائع
... pela jornada fantástica	riḥla mudhiʃa رحلة مدهشة
Não tem de quê.	la ʃukr ʿala wāʒib لا شكر على واجب
Não precisa agradecer.	al ʿafw العفو
Disponha sempre.	fi ayy waqt في أي وقت
Foi um prazer ajudar.	bi kull surūr بكل سرور
Esqueça isso.	insa al amr إنس الأمر
Não se preocupe.	la taqlaq لا تقلق

Parabéns. Cumprimentos

Parabéns!	uhanni'uka! أهنئك!
Feliz aniversário!	ʿīd milād saʿīd! عيد ميلاد سعيد!
Feliz Natal!	ʿīd milād saʿīd! عيد ميلاد سعيد!
Feliz Ano Novo!	sana ʒadīda saʿīda! سنة جديدة سعيدة!
Feliz Páscoa!	ʿīd fiṣḥ saʿīd! عيد فصح سعيد!
Feliz Hanukkah!	hanūka saʿīda! هانوكا سعيدة!
Gostaria de fazer um brinde.	awudd an aqtariḥ naχb أود أن أقترح نخبا
Saúde!	fi ṣiḥḥatak في صحتك
Bebamos a ...!	daʿawna naʃrab fi ...! دعونا نشرب في ...!
Ao nosso sucesso!	naʒāḥna نجاحنا
Ao vosso sucesso!	naʒāḥak نجاحك
Boa sorte!	bit tawfīq! بالتوفيق!
Tenha um bom dia!	atamanna laka nahāran saʿīdan! أتمنى لك نهارا سعيدا!
Tenha um bom feriado!	atamanna laka ʿuṭla ṭayyiba! أتمنى لك عطلة طيبة!
Tenha uma viagem segura!	atamanna laka riḥla āmina! أتمنى لك رحلة آمنة!
Espero que melhore em breve!	atamanna bi annaka satataḥassan qarīban أتمنى بأنك ستتحسن قريبا

Socializando

Porque é que está chateado /chateada/?	limāða anta ḥazīn? لماذا أنت حزين؟
Sorria!	ibtasim! إبتسم!
Está livre esta noite?	hal anta ḥurr haðihil layla? هل أنت حر هذه الليلة؟

Posso oferecer-lhe algo para beber?	hal tawudd an taʃrab ʃay'? هل تود أن تشرب شيئا؟
Você quer dançar?	hal tawudd an tarquṣ? هل تود أن ترقص؟
Vamos ao cinema.	da'awna naðhab ilas sinima دعونا نذهب إلى السينما

Gostaria de a convidar para ir ...	hal yumkinuni an ad'ūk ila ...? هل يمكنني أن أدعوك إلى ...؟
ao restaurante	maṭ'am مطعم
ao cinema	as sinima السينما
ao teatro	al masraḥ المسرح
passear	tamʃiya تمشية

A que horas?	fi ayy sā'a? في أي ساعة؟
hoje à noite	haðal masā' هذا المساء
às 6 horas	as sā'a as sādisa الساعة السادسة
às 7 horas	as sā'a as sābi'a الساعة السابعة
às 8 horas	as sā'a aθ θāmina الساعة الثامنة
às 9 horas	as sā'a at tāsi'a الساعة التاسعة

Gosta deste local?	hal yu'ʒibak al makān? هل يعجبك المكان؟
Está com alguém?	hal anta huna ma' aḥad? هل أنت هنا مع أحد؟
Estou com o meu amigo.	ana ma' ṣadīq أنا مع صديق

Estou com os meus amigos.	ana ma' aṣdiqā' أنا مع أصدقاء
Não, estou sozinho /sozinha/.	la, ana li waḥdi لا، أنا لوحدي
Tens namorado?	hal 'indak ṣadīq? هل عندك صديق؟
Tenho namorado.	ana 'indi ṣadīq أنا عندي صديق
Tens namorada?	hal 'indak ṣadīqa? هل عندك صديقة؟
Tenho namorada.	ana 'indi ṣadīqa أنا عندي صديقة
Posso voltar a vêr-te?	hal yumkinuni ru'yatak marra uχra? هل يمكنني رؤيتك مرة أخرى؟
Posso ligar-te?	hal astaṭī' an attaṣil bik? هل أستطيع أن أتصل بك؟
Liga-me.	ittaṣil bi إتصل بي
Qual é o teu número?	ma raqmak? ما رقمك؟
Tenho saudades tuas.	aʃtāq ilayk أشتاق إليك
Tem um nome muito bonito.	ismak ʒamīl إسمك جميل
Amo-te.	uḥibbak أحبك
Quer casar comigo?	hal tatazawwaʒīnani? هل تتزوجينني؟
Você está a brincar!	anta tamzaḥ! أنت تمزح!
Estou só a brincar.	ana amzaḥ faqaṭ أنا أمزح فقط
Está a falar a sério?	hal anta gadd? هل أنت جاد؟
Estou a falar a sério.	ana gādd أنا جاد
De verdade?!	ṣaḥīḥ? صحيح؟
Incrível!	haða ɣayr ma'qūl! هذا غير معقول!
Não acredito.	la uṣaddiqak لا أصدقك
Não posso.	ana la astaṭī' أنا لا أستطيع
Não sei.	la a'rif أنا لا أعرف
Não entendo o que está a dizer.	la afhamak أنا لا أفهمك

Saia, por favor.	min faḍlak iðhab min huna **من فضلك إذهب من هنا**
Deixe-me em paz!	utrukni li waḥdi! **أتركني لوحدي!**

Eu não o suporto.	ana la uṭʃquhu **أنا لا أطيقه**
Você é detestável!	anta muqrif **أنت مقرف**
Vou chamar a polícia!	ḥattlob el ʃorṭa **سأتصل بالشرطة**

Partilha de impressões. Emoções

Gosto disto.	yu'ʒibuni ðalika **يعجبني ذلك**
É muito simpático.	ʒamīl ʒiddan **جميل جدا**
Fixe!	haða rā'i' **هذا رائع**
Não é mau.	la ba's bihi **لا بأس به**
Não gosto disto.	la yu'ʒibuni ðalika **لا يعجبني ذلك**
Isso não está certo.	laysa ʒayyid **ليس جيدا**
Isso é mau.	haða sayyi' **هذا سيء**
Isso é muito mau.	haða sayyi' ʒiddan **هذا سيء جدا**
Isso é asqueroso.	haða muqrif **هذا مقرف**
Estou feliz.	ana sa'īd /sa'īda/ **أنا سعيد /سعيدة/**
Estou contente.	ana mabsūṭ /mabsūṭa/ **أنا مبسوط /مبسوطة/**
Estou apaixonado /apaixonada/.	ana uḥibb **أنا أحب**
Estou calmo /calma/.	ana hādi' /hādi'a/ **أنا هادئ /هادئة/**
Estou aborrecido /aborrecida/.	aʃ'ur bil malal **أشعر بالملل**
Estou cansado /cansada/.	ana ta'bān /ta'bāna/ **أنا تعبان /تعبانة/**
Estou triste.	ana ḥazīn /ḥazīna/ **أنا حزين /حزينة/**
Estou apavorado /apavorada/.	ana χā'if /χā'ifa/ **أنا خائف /خائفة/**
Estou zangado /zangada/.	ana ɣāḍib /ɣāḍiba/ **أنا غاضب /غاضبة/**
Estou preocupado /preocupada/.	ana qaliq /qaliqa/ **أنا قلق /قلقة/**
Estou nervoso /nervosa/.	ana mutawattir /mutawattira/ **أنا متوتر /متوترة/**

Estou ciumento /ciumenta/.	ana ɣayūr /ɣayūra/ **أنا غيور /غيورة/**
Estou surpreendido /surpreendida/.	ana mutafāʒi' /mutafāʒi'a/ **أنا متفاجئ /متفاجئة/**
Estou perplexo /perplexa/.	ana ḥā'ir /ḥā'ira/ **أنا حائر /حائرة/**

Problemas. Acidentes

Tenho um problema.	ʿindi muʃkila **عندي مشكلة**
Temos um problema.	ʿindana muʃkila **عندنا مشكلة**
Estou perdido.	adaʿt ṭarīqi **أضعت طريقي**
Perdi o último autocarro.	fātatni ʾāχir ḥāfila **فاتتني آخر حافلة**
Não me resta nenhum dinheiro.	laysa ladayya ayy māl **ليس لدي أي مال**
Eu perdi ...	faqadt ... **فقدت ...**
Roubaram-me ...	saraqu minni ... **سرقوا مني ...**
o meu passaporte	ʒawāz as safar **جواز السفر**
a minha carteira	al maḥfaẓa **المحفظة**
os meus papéis	al awrāq **الأوراق**
o meu bilhete	at taðkira **التذكرة**
o dinheiro	an nuqūd **النقود**
a minha mala	aʃ ʃanṭa **الشنطة**
a minha camara	al kamira **الكاميرا**
o meu computador	al kumbyūtir al maḥmūl **الكمبيوتر المحمول**
o meu tablet	al kumbyūtir al lawḥiy **الكمبيوتر اللوحي**
o meu telemóvel	at tilifūn al maḥmūl **التليفون المحمول**
Ajude-me!	sāʿidni! **ساعدني!**
O que é que aconteceu?	māða ḥadaθ? **ماذا حدث؟**
fogo	ḥarīqa **حريقة**

tiroteio	iṭlāq an nār **إطلاق النار**
assassínio	qatl **قتل**
explosão	infiʒār **إنفجار**
briga	χināqa **خناقة**
Chame a polícia!	ittaṣil biʃ ʃurṭa! **إتصل بالشرطة!**
Mais depressa, por favor!	bi sur'a min faḍlak! **بسرعة من فضلك!**
Estou à procura de uma esquadra de polícia.	abḥaθ 'an qism aʃ ʃurṭa **أبحث عن قسم الشرطة**
Preciso de telefonar.	urīd iʒrā' mukālama hātifiyya **أريد إجراء مكالمة هاتفية**
Posso telefonar?	hal yumkinuni an astaχdim tilifūnak? **هل يمكنني أن أستخدم تليفونك؟**
Fui ...	laqat ta'arraḍt li ... **لقد تعرضت لـ...**
assaltado /assaltada/	sirqa **سرقة**
roubado /roubada/	sirqa **سرقة**
violada	iɣtiṣāb **إغتصاب**
atacado /atacada/	i'tidā' **إعتداء**
Está tudo bem consigo?	hal anta bi χayr? **هل أنت بخير؟**
Viu quem foi?	hal ra'ayt man kān ðalik? **هل رأيت من كان ذلك؟**
Seria capaz de reconhecer a pessoa?	hal tastaṭī' at ta'arruf 'alayhi? **هل ستستطيع التعرف عليه؟**
Tem a certeza?	hal anta muta'kked? **هل أنت متأكد؟**
Acalme-se, por favor.	ihda' min faḍlak **إهدأ من فضلك**
Calma!	hawwin 'alayk! **هون عليك!**
Não se preocupe.	la taqlaq! **لا تقلق!**
Vai ficar tudo bem.	kull ʃay' sayakūn 'ala ma yurām **كل شيء سيكون على ما يرام**
Está tudo em ordem.	kull ʃay' 'ala ma yurām **كل شيء على ما يرام**

Chegue aqui, por favor.	ta'āla huna law samaḥt **تعال هنا لو سمحت**
Tenho algumas questões a colocar-lhe.	'indi lak as'ila **عندي لك أسئلة**
Aguarde um momento, por favor.	intaẓir laḥẓa min faḍlak **إنتظر لحظة من فضلك**
Tem alguma identificação?	hal 'indak biṭāqa ʃaχsiyya? **هل عندك بطاقة شخصية؟**
Obrigado. Pode ir.	ʃukran. yumkinuka al muɣādara al 'ān **شكرا. يمكنك المغادرة الآن**
Mãos atrás da cabeça!	ḍa' yadayk χalfa ra'sak! **ضع يديك خلف رأسك!**
Você está preso!	anta mawqūf! **أنت موقوف!**

Problemas de saúde

Ajude-me, por favor.	sāʿidni min faḍlak ساعدني من فضلك
Não me sinto bem.	la aʃʿur bi χayr لا أشعر بخير
O meu marido não se sente bem.	zawʒi la yaʃʿur bi χayr زوجي لا يشعر بخير
O meu filho ...	ibni ... إبني ...
O meu pai ...	abi ... أبي ...
A minha mulher não se sente bem.	zawʒati la taʃʿur bi χayr زوجتي لا تشعر بخير
A minha filha ...	ibnati ... إبنتي ...
A minha mãe ...	ummi ... أمي ...
Tenho uma ...	ana ʿindi ... أنا عندي ...
dor de cabeça	ṣudāʿ صداع
dor de garganta	iltihāb fil ḥalq إلتهاب في الحلق
dor de barriga	maɣaṣ مغص
dor de dentes	alam asnān ألم أسنان
Estou com tonturas.	aʃʿur bid dawār أشعر بالدوار
Ele está com febre.	ʿindahu ḥumma عنده حمى
Ela está com febre.	ʿindaha ḥumma عندها حمى
Não consigo respirar.	la astaṭīʿ at tanaffus لا أستطيع التنفس
Estou a sufocar.	aʃʿur bi ḍīq at tanaffus أشعر بضيق التنفس
Sou asmático /asmática/.	uʿāni min ar rabw أعاني من الربو
Sou diabético /diabética/.	ana ʿindi maraḍ as sukkar أنا عندي مرض السكر

Estou com insónia.	la astatīʿ an anām لا أستطيع أن أنام
intoxicação alimentar	tasammum ɣiðā'iy تسمم غذائي
Dói aqui.	aʃur bi alam huna أشعر بألم هنا
Ajude-me!	sāʿidni! ساعدني!
Estou aqui!	ana huna! أنا هنا!
Estamos aqui!	naḥnu huna! نحن هنا!
Tirem-me daqui!	aχraʒūni min huna أخرجوني من هنا!
Preciso de um médico.	ana aḥtāʒ ila ṭabīb أنا أحتاج إلى طبيب
Não me consigo mexer.	la astaṭīʿ an ataḥarrak لا أستطيع أن أتحرك
Não consigo mover as pernas.	la astatīʿ an uḥarrik riʒlayya لا أستطيع أن أحرك رجلي
Estou ferido.	ʿindi ʒurḥ عندي جرح
É grave?	hal al amr χaṭīr? هل الأمر خطير؟
Tenho os documentos no bolso.	awrāqi fi ʒaybi أوراقي في جيبي
Acalme-se!	ihda'! إهدأ!
Posso telefonar?	hal yumkinuni an astaχdim tilifūnak? هل يمكنني أن أستخدم تليفونك؟
Chame uma ambulância!	ittaṣil bil isʿāf! إتصل بالإسعاف!
É urgente!	al amr ʿāʒil! الأمر عاجل!
É uma emergência!	innaha ḥāla ṭāri'a! إنها حالة طارئة!
Mais depressa, por favor!	bi surʿa min faḍlak! بسرعة من فضلك!
Chame o médico, por favor.	ittaṣil biṭ ṭabib min faḍlak? إتصل بالطبيب من فضلك
Onde fica o hospital?	ayna al mustaʃfa? أين المستشفى؟
Como se sente?	kayf taʃur al 'ān كيف تشعر الآن؟
Está tudo bem consigo?	hal anta bi χayr? هل أنت بخير؟
O que é que aconteceu?	māða ḥadaθ? ماذا حدث؟

Já me sinto melhor.	aʃʻur bi taḥassun al 'ān **أشعر بتحسن الآن**
Está tudo em ordem.	la ba's **لا بأس**
Tubo bem.	kull ʃay' ʻala ma yurām **كل شيء على ما يرام**

Na farmácia

farmácia	ṣaydaliyya صيدلية
farmácia de serviço	ṣaydaliyya arba' wa 'iʃrīn sā'a صيدلية 24 ساعة
Onde fica a farmácia mais próxima?	ayna aqrab ṣaydaliyya? أين أقرب صيدلية؟
Está aberto agora?	hal hiya maftūḥa al 'ān? هل هي مفتوحة الآن؟
A que horas abre?	mata taftaḥ? متى تفتح؟
A que horas fecha?	mata tuɣliq? متى تغلق؟
Fica longe?	hal hiya ba'īda? هل هي بعيدة؟
Posso ir até lá a pé?	hal yumkinuni an aṣil ila hunāk māʃiyan? هل يمكنني أن أصل إلى هناك ماشيا؟
Pode-me mostrar no mapa?	arīni 'alal ɣarīṭa min faḍlak أريني على الخريطة من فضلك
Por favor dê-me algo para ...	min faḍlak a'ṭini ʃay' li ... من فضلك أعطني شيئا لـ...
as dores de cabeça	aṣ ṣudā' الصداع
a tosse	as su'āl السعال
o resfriado	al bard البرد
a gripe	al influenza الأنفلوانزا
a febre	al ḥumma الحمى
uma dor de estômago	el maɣaṣ المغص
as náuseas	a ɣaθayān الغثيان
a diarreia	al ishāl الإسهال
a constipação	al imsāk الإمساك
as dores nas costas	alam fiz ẓahr ألم في الظهر

as dores no peito	alam fiṣ ṣadr ألم في الصدر
a sutura	ɣurza ʒānibiyya غرزة جانبية
as dores abdominais	alam fil baṭn ألم في البطن

comprimido	ḥabba حبة
unguento, creme	marham, krīm مرهم، كريم
charope	ʃarāb شراب
spray	baxxāx بخاخ
dropes	qaṭarāt قطرات

Você precisa de ir ao hospital.	'alayk an taðhab ilal mustaʃfa عليك أن تذهب إلى المستشفى
seguro de saúde	ta'mīn ṣiḥḥiy تأمين صحي
prescrição	waṣfa ṭibbiyya وصفة طبية
repelente de insetos	ṭārid lil ḥaʃarāt طارد للحشرات
penso rápido	laṣqa lil ʒurūḥ لصقة للجروح

O mínimo

Desculpe, ...	law samaḥt, ... لو سمحت، ...
Olá!	as salāmu 'alaykum السلام عليكم
Obrigado /Obrigada/.	ʃukran شكرا
Adeus.	ma' as salāma مع السلامة
Sim.	na'am نعم
Não.	la لا
Não sei.	la a'rif لا أعرف
Onde? | Para onde? | Quando?	ayna? | ila ayna? | mata? أين؟ ا إلى أين؟ ا متى؟

Preciso de ...	ana aḥtāʒ ila ... أنا أحتاج إلى...
Eu queria ...	ana urīd ... أنا أريد ...
Tem ...?	hal 'indak ...? هل عندك... ؟
Há aqui ...?	hal yūʒad huna ...? هل يوجد هنا ...؟
Posso ...?	hal yumkinuni ...? هل يمكنني...؟
..., por favor	... min faḍlak من فضلك ...

Estou à procura de ...	abḥaθ 'an ... أبحث عن ...
casa de banho	ḥammām حمام
Multibanco	mākīnat ṣarrāf 'āliy ماكينة صراف آلي
farmácia	ṣaydaliyya صيدلية
hospital	mustaʃfa مستشفى
esquadra de polícia	qism aʃ ʃurṭa قسم شرطة
metro	mitru al anfāq مترو الأنفاق

táxi	taksi تاكسي
estação de comboio	maḥaṭṭat al qiṭār محطة القطار
Chamo-me ...	ismi ... إسمي...
Como se chama?	ma smuka? ما اسمك؟
Pode-me dar uma ajuda?	sā'idni min faḍlak ساعدني من فضلك
Tenho um problema.	'indi muʃkila عندي مشكلة
Não me sinto bem.	la aʃ'ur bi χayr لا أشعر بخير
Chame a ambulância!	ittaṣil bil is'āf! إتصل بالإسعاف!
Posso fazer uma chamada?	hal yumkinuni iʒrā' mukālama tilifūniyya? هل يمكنني إجراء مكالمة هاتفية؟
Desculpe.	ana 'āṣif أنا آسف
De nada.	al 'afw العفو
eu	ana أنا
tu	anta أنت
ele	huwa هو
ela	hiya هي
eles	hum هم
elas	hum هم
nós	naḥnu نحن
vocês	antum أنتم
você	ḥaḍritak حضرتك
ENTRADA	duχūl دخول
SAÍDA	χurūʒ خروج
FORA DE SERVIÇO	mu'aṭṭal معطل
FECHADO	muɣlaq مغلق

ABERTO	maftūḥ مفتوح
PARA SENHORAS	lis sayyidāt للسيدات
PARA HOMENS	lir riʒāl للرجال

DICIONÁRIO CONCISO

Esta secção contém mais de 1.500 palavras úteis, organizadas por ordem alfabética. O dicionário inclui muitos termos gastronômicos e será útil quando pedir comida num restaurante ou comprar alimentos numa loja

T&P Books Publishing

CONTEÚDO DO DICIONÁRIO

T&P Books Publishing

1. Tempo. Calendário

tempo (m)	wa't (m)	وقت
hora (f)	sā'a (f)	ساعة
meia hora (f)	noṣṣ sā'a (m)	نصّ ساعة
minuto (m)	de'ī'a (f)	دقيقة
segundo (m)	sanya (f)	ثانية
hoje	el naharda	النهارده
amanhã	bokra	بكرة
ontem	embāreḥ	امبارح
segunda-feira (f)	el etneyn (m)	الإتنين
terça-feira (f)	el talāt (m)	التلات
quarta-feira (f)	el arbe'ā' (m)	الأربعاء
quinta-feira (f)	el χamīs (m)	الخميس
sexta-feira (f)	el gom'a (m)	الجمعة
sábado (m)	el sabt (m)	السبت
domingo (m)	el aḥad (m)	الأحد
dia (m)	yome (m)	يوم
dia (m) de trabalho	yome 'amal (m)	يوم عمل
feriado (m)	agāza rasmiya (f)	أجازة رسميّة
fim (m) de semana	nehāyet el osbū' (f)	نهاية الأسبوع
semana (f)	osbū' (m)	أسبوع
na semana passada	el esbū' elly fāt	الأسبوع اللي فات
na próxima semana	el esbū' elly gayī	الأسبوع اللي جاي
nascer (m) do sol	ʃorū' el ʃams (m)	شروق الشمس
pôr do sol (m)	ɣorūb el ʃams (m)	غروب الشمس
de manhã	fel ṣobḥ	في الصبح
à tarde	ba'd el ḍohr	بعد الظهر
à noite (noitinha)	bel leyl	بالليل
hoje à noite	el naharda bel leyl	النهاردة بالليل
à noite	bel leyl	بالليل
meia-noite (f)	noṣṣ el leyl (m)	نصّ الليل
janeiro (m)	yanāyer (m)	يناير
fevereiro (m)	febrāyer (m)	فبراير
março (m)	māres (m)	مارس
abril (m)	ebrīl (m)	إبريل
maio (m)	māyo (m)	مايو
junho (m)	yonyo (m)	يونيو

julho (m)	yolyo (m)	يوليو
agosto (m)	oɣosṭos (m)	أغسطس
setembro (m)	sebtamber (m)	سبتمبر
outubro (m)	oktober (m)	أكتوبر
novembro (m)	november (m)	نوفمبر
dezembro (m)	desember (m)	ديسمبر
na primavera	fel rabee'	في الربيع
no verão	fel ṣeyf	في الصيف
no outono	fel χarīf	في الخريف
no inverno	fel ʃetā'	في الشتاء
mês (m)	ʃahr (m)	شهر
estação (f)	faṣl (m)	فصل
ano (m)	sana (f)	سنة
século (m)	qarn (m)	قرن

2. Números. Numeração

algarismo, dígito (m)	raqam (m)	رقم
número (m)	'adad (m)	عدد
menos (m)	nā'eṣ (m)	ناقص
mais (m)	zā'ed (m)	زائد
soma (f)	magmū' (m)	مجموع
primeiro	awwel	أوّل
segundo	tāny	ثاني
terceiro	tālet	ثالث
zero	ṣefr	صفر
um	wāḥed	واحد
dois	etneyn	إتنين
três	talāta	ثلاثة
quatro	arba'a	أربعة
cinco	χamsa	خمسة
seis	setta	ستّة
sete	sab'a	سبعة
oito	tamanya	ثمانية
nove	tes'a	تسعة
dez	'aʃara	عشرة
onze	ḥedāʃar	حداشر
doze	etnāʃar	إتناشر
treze	talattāʃar	تلاتّاشر
catorze	arba'tāʃer	أربعتاشر
quinze	χamastāʃer	خمستاشر
dezasseis	settāʃar	ستّاشر
dezassete	saba'tāʃar	سبعتاشر

dezoito	tamantāʃar	تمنتاشر
dezanove	tesʿatāʃar	تسعتاشر
vinte	ʿeʃrīn	عشرين
trinta	talatīn	ثلاثين
quarenta	arbeʿīn	أربعين
cinquenta	χamsīn	خمسين
sessenta	settīn	ستّين
setenta	sabʿīn	سبعين
oitenta	tamanīn	ثمانين
noventa	tesʿīn	تسعين
cem	miya	ميّة
duzentos	meteyn	ميتين
trezentos	toltomiya	تلتميّة
quatrocentos	robʿomiya	ربعميّة
quinhentos	χomsomiya	خمسميّة
seiscentos	sotomiya	ستميّة
setecentos	sobʿomiya	سبعميّة
oitocentos	tomnomeʾa	ثمنمئة
novecentos	tosʿomiya	تسعميّة
mil	alf	ألف
dez mil	ʿaʃaret ʾālāf	عشرة آلاف
cem mil	mīt alf	ميت ألف
um milhão	millyon (m)	مليون
mil milhões	millyār (m)	مليار

3. Humanos. Família

homem (m)	rāgel (m)	راجل
jovem (m)	ʃāb (m)	شاب
adolescente (m)	morāheq (m)	مراهق
mulher (f)	set (f)	ست
rapariga (f)	bent (f)	بنت
idade (f)	ʿomr (m)	عمر
adulto	rāʃed (m)	راشد
de meia-idade	fe montaṣaf el ʿomr	في منتصف العمر
de certa idade	ʿagūz	عجوز
idoso	ʿagūz	عجوز
velhote (m)	ʿagūz (m)	عجوز
velhota (f)	ʿagūza (f)	عجوزة
reforma (f)	maʿāʃ (m)	معاش
reformar-se (vp)	oḥīl ʿala el maʿāʃ	أحيل على المعاش
reformado (m)	motaqāʿed (m)	متقاعد

mãe (f)	walda (f)	والدة
pai (m)	wāled (m)	والد
filho (m)	walad (m)	ولد
filha (f)	bent (f)	بنت
irmão (m)	aχ (m)	أخ
irmão mais velho	el aχ el kibīr (m)	الأخ الكبير
irmão mais novo	el aχ el ṣoɣeyyir (m)	الأخ الصغير
irmã (f)	oχt (f)	أخت
irmã mais velha	el uχt el kibīra (f)	الأخت الكبيرة
irmã mais nova	el uχt el ṣoɣeyyira (f)	الأخت الصغيرة
pais (pl)	waldeyn (du)	والدين
criança (f)	ṭefl (m)	طفل
crianças (f pl)	aṭfāl (pl)	أطفال
madrasta (f)	merāt el abb (f)	مرات الأب
padrasto (m)	goze el omm (m)	جوز الأم
avó (f)	gedda (f)	جدّة
avô (m)	gadd (m)	جدّ
neto (m)	ḥafīd (m)	حفيد
neta (f)	ḥafīda (f)	حفيدة
netos (pl)	aḥfād (pl)	أحفاد
tio (m)	ʿamm (m), χāl (m)	عمّ, خال
tia (f)	ʿamma (f), χāla (f)	عمّة, خالة
sobrinho (m)	ibn el aχ (m), ibn el uχt (m)	إبن الأخ, إبن الأخت
sobrinha (f)	bint el aχ (f), bint el uχt (f)	بنت الأخ, بنت الأخت
mulher (f)	goza (f)	جوزة
marido (m)	goze (m)	جوز
casado	metgawwez	متجوّز
casada	metgawweza	متجوّزة
viúva (f)	armala (f)	أرملة
viúvo (m)	armal (m)	أرمل
nome (m)	esm (m)	اسم
apelido (m)	esm el ʿaʾela (m)	اسم العائلة
parente (m)	ʾarīb (m)	قريب
amigo (m)	ṣadīq (m)	صديق
amizade (f)	ṣadāqa (f)	صداقة
parceiro (m)	rafīʾ (m)	رفيق
superior (m)	el arfaʿ maqāman (m)	الأرفع مقاماً
colega (m)	zamīl (m)	زميل
vizinhos (pl)	gerān (pl)	جيران

4. Corpo humano

organismo (m)	ʿoḍw (m)	عضو
corpo (m)	gesm (m)	جسم

coração (m)	ʾalb (m)	قلب
sangue (m)	damm (m)	دم
cérebro (m)	mokχ (m)	مخ
nervo (m)	ʿaṣab (m)	عصب
osso (m)	ʿaḍm (m)	عظم
esqueleto (m)	haykal ʿazmy (m)	هيكل عظمي
coluna (f) vertebral	ʿamūd faqry (m)	عمود فقري
costela (f)	ḍelʿ (m)	ضلع
crânio (m)	gomgoma (f)	جمجمة
músculo (m)	ʿaḍala (f)	عضلة
pulmões (m pl)	reʾateyn (du)	رئتين
pele (f)	boʃra (m)	بشرة
cabeça (f)	raʾs (m)	رأس
cara (f)	weʃ (m)	وش
nariz (m)	manaχīr (m)	مناخير
testa (f)	gabha (f)	جبهة
bochecha (f)	χadd (m)	خدّ
boca (f)	boʾ (m)	بوء
língua (f)	lesān (m)	لسان
dente (m)	senna (f)	سنّة
lábios (m pl)	ʃafāyef (pl)	شفايف
queixo (m)	daʾʾn (m)	دقن
orelha (f)	wedn (f)	ودن
pescoço (m)	raʾaba (f)	رقبة
garganta (f)	zore (m)	زور
olho (m)	ʿeyn (f)	عين
pupila (f)	ḥadʾa (f)	حدقة
sobrancelha (f)	ḥāgeb (m)	حاجب
pestana (f)	remʃ (m)	رمش
cabelos (m pl)	ʃaʿr (m)	شعر
penteado (m)	tasrīḥa (f)	تسريحة
bigode (m)	ʃanab (pl)	شنب
barba (f)	leḥya (f)	لحية
usar, ter (~ barba, etc.)	ʿando	عنده
calvo	aṣlaʿ	أصلع
mão (f)	yad (m)	يد
braço (m)	derāʿ (f)	دراع
dedo (m)	ṣobāʿ (m)	صباع
unha (f)	ḍefr (m)	ضفر
palma (f) da mão	kaff (f)	كفّ
ombro (m)	ketf (f)	كتف
perna (f)	regl (f)	رجل
pé (m)	qadam (f)	قدم

joelho (m)	rokba (f)	ركبة
talão (m)	ka'b (m)	كعب

costas (f pl)	ḍahr (m)	ضهر
cintura (f)	wesṭ (f)	وسط
sinal (m)	ʃāma (f)	شامة
sinal (m) de nascença	waḥma	وحمة

5. Medicina. Doenças. Drogas

saúde (f)	ṣeḥḥa (f)	صحّة
são	salīm	سليم
doença (f)	maraḍ (m)	مرض
estar doente	mereḍ	مرض
doente	marīḍ	مريض

constipação (f)	zokām (m)	زكام
constipar-se (vp)	gālo bard	جاله برد
amigdalite (f)	eltehāb el lawzateyn (m)	إلتهاب اللوزتين
pneumonia (f)	eltehāb ra'awy (m)	إلتهاب رئوي
gripe (f)	influenza (f)	إنفلونزا

nariz (m) a escorrer	raʃ-ḥ fel anf (m)	رشح في الأنف
tosse (f)	koḥḥa (f)	كحّة
tossir (vi)	kaḥḥ	كحّ
espirrar (vi)	'aṭas	عطس

AVC (m), apoplexia (f)	sakta (f)	سكتة
ataque (m) cardíaco	azma 'albiya (f)	أزمة قلبية
alergia (f)	ḥasasiya (f)	حساسيّة
asma (f)	rabw (m)	ربو
diabetes (f)	dā' el sokkary (m)	داء السكّري

tumor (m)	waram (m)	ورم
cancro (m)	saraṭān (m)	سرطان
alcoolismo (m)	edmān el χamr (m)	إدمان الخمر
SIDA (f)	el eydz (m)	الايدز
febre (f)	ḥomma (f)	حمّى
enjoo (m)	dawār el baḥr (m)	دوار البحر

nódoa (f) negra	kadma (f)	كدمة
galo (m)	tawarrom (m)	تورّم
coxear (vi)	'arag	عرج
deslocação (f)	χal' (m)	خلع
deslocar (vt)	χala'	خلع

fratura (f)	kasr (m)	كسر
queimadura (f)	ḥar' (m)	حرق
lesão (m)	eṣāba (f)	إصابة
dor (f)	alam (m)	ألم

dor (f) de dentes	alam asnān (m)	ألم الأسنان
suar (vi)	ʿereʾ	عرق
surdo	aṭraʃ	أطرش
mudo	aχras	أخرس
imunidade (f)	manāʿa (f)	مناعة
vírus (m)	virūs (m)	فيروس
micróbio (m)	mikrūb (m)	ميكروب
bactéria (f)	garsūma (f)	جرثومة
infeção (f)	ʿadwa (f)	عدوى
hospital (m)	mostaʃfa (m)	مستشفى
cura (f)	ʃefāʾ (m)	شفاء
vacinar (vt)	laqqaḥ	لقّح
estar em coma	kān fi ḥālet ɣaybūba	كان في حالة غيبوبة
reanimação (f)	el ʿenāya el morakkaza (f)	العناية المركّزة
sintoma (m)	ʿaraḍ (m)	عرض
pulso (m)	nabḍ (m)	نبض

6. Sentimentos. Emoções. Conversação

eu	ana	أنا
tu (masc.)	enta	أنت
tu (fem.)	enty	أنت
ele	howwa	هوّ
ela	hiya	هيّ
nós	eḥna	إحنا
vocês	antom	أنتم
eles, -as	hamm	همّ
Bom dia! (formal)	assalamu ʿalaykum!	السلام عليكم!
Bom dia! (de manhã)	ṣabāḥ el χeyr!	صباح الخير!
Boa tarde!	neharak saʿīd!	نهارك سعيد!
Boa noite!	masāʾ el χeyr!	مساء الخير!
cumprimentar (vt)	sallem	سلّم
saudar (vt)	sallem ʿala	سلّم على
Como vai?	ezzayek?	ازّيّك؟
Até à vista!	maʿ el salāma!	مع السلامة!
Obrigado! -a!	ʃokran!	شكراً!
sentimentos (m pl)	maʃāʿer (pl)	مشاعر
ter fome	ʿāyez ʾākol	عايز آكل
ter sede	ʿāyez aʃrab	عايز أشرب
cansado	taʿbān	تعبان
preocupar-se (vp)	ʾeleʾ	قلق
estar nervoso	etwattar	إتوتّر
esperança (f)	amal (m)	أمل

esperar (vt)	tamanna	تمنّى
caráter (m)	ʃaχṣiya (f)	شخصية
modesto	motawāḍe'	متواضع
preguiçoso	kaslān	كسلان
generoso	karīm	كريم
talentoso	mawhūb	موهوب
honesto	amīn	أمين
sério	gād	جاد
tímido	χagūl	خجول
sincero	moχleṣ	مخلص
cobarde (m)	gabān (m)	جبان
dormir (vi)	nām	نام
sonho (m)	ḥelm (m)	حلم
cama (f)	serīr (m)	سرير
almofada (f)	maχadda (f)	مخدّة
insónia (f)	araq (m)	أرق
ir para a cama	rāḥ lel serīr	راح للسرير
pesadelo (m)	kabūs (m)	كابوس
despertador (m)	monabbeh (m)	منبّه
sorriso (m)	ebtesāma (f)	إبتسامة
sorrir (vi)	ebtasam	إبتسم
rir (vi)	ḍeḥek	ضحك
discussão (f)	χenā'a (f)	خناقة
insulto (m)	ehāna (f)	إهانة
ofensa (f)	esteyā' (m)	إستياء
zangado	ɣaḍbān	غضبان

7. Vestuário. Acessórios pessoais

roupa (f)	malābes (pl)	ملابس
sobretudo (m)	balṭo (m)	بالطو
casaco (m) de peles	balṭo farww (m)	بالطو فروّ
casaco, blusão (m)	ʒæket (m)	جاكيت
impermeável (m)	ʒæket lel maṭar (m)	جاكيت للمطر
camisa (f)	'amīṣ (m)	قميص
calças (f pl)	banṭalone (f)	بنطلون
casaco (m) de fato	ʒæket (f)	جاكت
fato (m)	badla (f)	بدلة
vestido (ex. ~ vermelho)	fostān (m)	فستان
saia (f)	ʒība (f)	جيبة
T-shirt, camiseta (f)	ti ʃirt (m)	تي شيرت
roupão (m) de banho	robe el ḥammām (m)	روب حمّام
pijama (m)	beʒāma (f)	بيجاما

roupa (f) de trabalho	lebs el ʃoɣl (m)	لبس الشغل
roupa (f) interior	malābes dāχeliya (pl)	ملابس داخلية
peúgas (f pl)	ʃarāb (m)	شراب
sutiã (m)	setyāna (f)	ستيانة
meias-calças (f pl)	klone (m)	كلون
meias (f pl)	gawāreb (pl)	جوارب
fato (m) de banho	mayo (m)	مايوه
chapéu (m)	ṭa'iya (f)	طاقيّة
calçado (m)	gezam (pl)	جزم
botas (f pl)	būt (m)	بوت
salto (m)	ka'b (m)	كعب
atacador (m)	ʃerīṭ (m)	شريط
graxa (f) para calçado	warnīʃ el gazma (m)	ورنيش الجزمة
algodão (m)	'oṭn (m)	قطن
lã (f)	ṣūf (m)	صوف
pele (f)	farww (m)	فروّ
luvas (f pl)	gwanty (m)	جوانتي
mitenes (f pl)	gwanty men ɣeyr aṣābe' (m)	جوانتي من غير أصابع
cachecol (m)	skarf (m)	سكارف
óculos (m pl)	naḍḍāra (f)	نظّارة
guarda-chuva (m)	ʃamsiya (f)	شمسيّة
gravata (f)	karavetta (f)	كرافتة
lenço (m)	mandīl (m)	منديل
pente (m)	meʃṭ (m)	مشط
escova (f) para o cabelo	forʃet ʃa'r (f)	فرشة شعر
fivela (f)	bokla (f)	بكلة
cinto (m)	ḥezām (m)	حزام
bolsa (f) de senhora	ʃanṭet yad (f)	شنطة يد
colarinho (m), gola (f)	yā'a (f)	ياقة
bolso (m)	geyb (m)	جيب
manga (f)	komm (m)	كمّ
braguilha (f)	lesān (m)	لسان
fecho (m) de correr	sosta (f)	سوستة
botão (m)	zerr (m)	زرّ
sujar-se (vp)	ettwassaχ	إتّوسّخ
mancha (f)	bo''a (f)	بقعة

8. Cidade. Instituições urbanas

loja (f)	maḥal (m)	محل
centro (m) comercial	mole (m)	مول
supermercado (m)	subermarket (m)	سوبرماركت

sapataria (f)	maḥal gezam (m)	محل جزم
livraria (f)	maḥal kotob (m)	محل كتب
farmácia (f)	ṣaydaliya (f)	صيدليّة
padaria (f)	maχbaz (m)	مخبز
pastelaria (f)	ḥalawāny (m)	حلواني
mercearia (f)	ba''āla (f)	بقّالة
talho (m)	gezāra (f)	جزارة
loja (f) de legumes	dokkān χoḍār (m)	دكّان خضار
mercado (m)	sū' (f)	سوق
salão (m) de cabeleireiro	ṣalone ḥelā'a (m)	صالون حلاقة
correios (m pl)	maktab el barīd (m)	مكتب البريد
lavandaria (f)	dray klīn (m)	دراي كلين
circo (m)	serk (m)	سيرك
jardim (m) zoológico	ḥadīqet el ḥayawān (f)	حديقة حيوان
teatro (m)	masraḥ (m)	مسرح
cinema (m)	sinema (f)	سينما
museu (m)	mat-ḥaf (m)	متحف
biblioteca (f)	maktaba (f)	مكتبة
mesquita (f)	masged (m)	مسجد
sinagoga (f)	kenīs (m)	كنيس
catedral (f)	katedra'iya (f)	كاتدرائية
templo (m)	ma'bad (m)	معبد
igreja (f)	kenīsa (f)	كنيسة
instituto (m)	kolliya (m)	كليّة
universidade (f)	gam'a (f)	جامعة
escola (f)	madrasa (f)	مدرسة
hotel (m)	fondo' (m)	فندق
banco (m)	bank (m)	بنك
embaixada (f)	safāra (f)	سفارة
agência (f) de viagens	ʃerket seyāḥa (f)	شركة سياحة
metro (m)	metro (m)	مترو
hospital (m)	mostaʃfa (m)	مستشفى
posto (m) de gasolina	maḥaṭṭet banzīn (f)	محطّة بنزين
parque (m) de estacionamento	maw'ef el 'arabeyāt (m)	موقف العربيات
ENTRADA	doχūl	دخول
SAÍDA	χorūg	خروج
EMPURRE	edfa'	إدفع
PUXE	es-ḥab	إسحب
ABERTO	maftūḥ	مفتوح
FECHADO	moɣlaq	مغلق
monumento (m)	temsāl (m)	تمثال
fortaleza (f)	'al'a (f)	قلعة

palácio (m)	'aṣr (m)	قصر
medieval	men el qorūn el wosṭa	من القرون الوسطى
antigo	'atīq	عتيق
nacional	waṭany	وطني
conhecido	maʃ-hūr	مشهور

9. Dinheiro. Finanças

dinheiro (m)	folūs (pl)	فلوس
moeda (f)	'erʃ (m)	قرش
dólar (m)	dolār (m)	دولار
euro (m)	yoro (m)	يورو
Caixa Multibanco (m)	makinet ṣarrāf 'āly (f)	ماكينة صرّاف آلي
casa (f) de câmbio	ṣarrāfa (f)	صرّافة
taxa (f) de câmbio	se'r el ṣarf (m)	سعر الصرف
dinheiro (m) vivo	kæʃ (m)	كاش
Quanto?	bekām?	بكام؟
pagar (vt)	dafa'	دفع
pagamento (m)	daf' (m)	دفع
troco (m)	el bā'y (m)	الباقي
preço (m)	se'r (m)	سعر
desconto (m)	χaṣm (m)	خصم
barato	reχīṣ	رخيص
caro	ɣāly	غالي
banco (m)	bank (m)	بنك
conta (f)	ḥesāb (m)	حساب
cartão (m) de crédito	kredit kard (f)	كريدت كارد
cheque (m)	ʃīk (m)	شيك
passar um cheque	katab ʃīk	كتب شيك
livro (m) de cheques	daftar ʃikāt (m)	دفتر شيكات
dívida (f)	deyn (m)	دين
devedor (m)	modīn (m)	مدين
emprestar (vt)	sallef	سلّف
pedir emprestado	estalaf	إستلف
alugar (vestidos, etc.)	est'gar	إستأجر
a crédito	bel ta'seeṭ	بالتقسيط
carteira (f)	maḥfaẓa (f)	محفظة
cofre (m)	χazzāna (f)	خزّانة
herança (f)	werāsa (f)	وراثة
fortuna (riqueza)	sarwa (f)	ثروّة
imposto (m)	ḍarība (f)	ضريبة
multa (f)	ɣarāma (f)	غرامة
multar (vt)	faraḍ ɣarāma	فرض غرامة

grossista	el gomla	الجملة
a retalho	yebee' bel tagze'a	يبيع بالتجزئة
fazer um seguro	ammen	أمّن
seguro (m)	ta'mīn (m)	تأمين
capital (m)	ra's māl (m)	رأس مال
volume (m) de negócios	dawret ra's el māl (f)	دورة رأس المال
ação (f)	sahm (m)	سهم
lucro (m)	rebḥ (m)	ربح
lucrativo	morbeḥ	مربح
crise (f)	azma (f)	أزمة
bancarrota (f)	eflās (m)	إفلاس
entrar em falência	falles	فلّس
contabilista (m)	muḥāseb (m)	محاسب
salário, ordenado (m)	morattab (m)	مرتّب
prémio (m)	'alāwa (f)	علاوة

10. Transportes

autocarro (m)	buṣ (m)	باص
elétrico (m)	trām (m)	ترام
troleicarro (m)	trolly buṣ (m)	ترولي باص
ir de ... (carro, etc.)	rāḥ be ...	راح بـ ...
entrar (~ no autocarro)	rekeb	ركب
descer de ...	nezel men	نزل من
paragem (f)	maw'af (m)	موّقف
ponto (m) final	'āχer maw'af (m)	آخر موقف
horário (m)	gadwal (m)	جدوّل
bilhete (m)	tazkara (f)	تذكرة
atrasar-se (vp)	met'akχer	متأخّر
táxi (m)	taksi (m)	تاكسي
de táxi (ir ~)	bel taksi	بالتاكسي
praça (f) de táxis	maw'ef taksi (m)	موّقف تاكسي
tráfego (m)	ḥaraket el morūr (f)	حركة المرور
horas (f pl) de ponta	sā'et el zorwa (f)	ساعة الذروة
estacionar (vi)	rakan	ركن
metro (m)	metro (m)	مترو
estação (f)	maḥaṭṭa (f)	محطّة
comboio (m)	qeṭār, 'aṭṭr (m)	قطار
estação (f)	maḥaṭṭet qeṭār (f)	محطّة قطار
trilhos (m pl)	qoḍbān (pl)	قضبان
compartimento (m)	γorfa (f)	غرفة
cama (f)	serīr (m)	سرير

avião (m)	ṭayāra (f)	طيّارة
bilhete (m) de avião	tazkara ṭayarān (f)	تذكرة طيران
companhia (f) aérea	ʃerket ṭayarān (f)	شركة طيران
aeroporto (m)	maṭār (m)	مطار
voo (m)	ṭayarān (m)	طيران
bagagem (f)	el ʃonaṭ (pl)	الشنط
carrinho (m)	ʿarabet ʃonaṭ (f)	عربة شنط
navio (m)	safīna (f)	سفينة
transatlântico (m)	safīna seyaḥiya (f)	سفينة سياحيّة
iate (m)	yaχt (m)	يخت
bote, barco (m)	markeb (m)	مركب
capitão (m)	ʾobṭān (m)	قبطان
camarote (m)	kabīna (f)	كابينة
porto (m)	mināʾ (m)	ميناء
bicicleta (f)	beskeletta (f)	بيسكلتّة
scotter, lambreta (f)	fezba (f)	فزبة
mota (f)	motosekl (m)	موتوسيكل
pedal (m)	dawwāsa (f)	دوّاسة
bomba (f) de ar	ṭolommba (f)	طلمبّة
roda (f)	ʿagala (f)	عجلة
carro, automóvel (m)	sayāra (f)	سيّارة
ambulância (f)	esʿāf (m)	إسعاف
camião (m)	ʃāḥena (f)	شاحنة
usado	mostaʿmal	مستعمل
acidente (m) de carro	ḥadset sayāra (f)	حادثة سيارة
reparação (f)	taṣlīḥ (m)	تصليح

11. Comida. Parte 1

carne (f)	laḥma (f)	لحمة
galinha (f)	ferāχ (m)	فراخ
pato (m)	baṭṭa (f)	بطّة
carne (f) de porco	laḥm el χanazīr (m)	لحم الخنزير
carne (f) de vitela	laḥm el ʿegl (m)	لحم العجل
carne (f) de carneiro	laḥm ḍāny (m)	لحم ضاني
carne (f) de vaca	laḥm baqary (m)	لحم بقري
chouriço (m)	sogoʾʾ (m)	سجق
ovo (m)	beyḍa (f)	بيضة
peixe (m)	samak (m)	سمك
queijo (m)	gebna (f)	جبنة
açúcar (m)	sokkar (m)	سكّر
sal (m)	melḥ (m)	ملح
arroz (m)	rozz (m)	رز

massas (f pl)	makaruna (f)	مكرونة
manteiga (f)	zebda (f)	زبدة
óleo (m)	zeyt (m)	زيت
pão (m)	ʿeyʃ (m)	عيش
chocolate (m)	ʃokolāta (f)	شكولاتة
vinho (m)	χamra (f)	خمرة
café (m)	ʼahwa (f)	قهوة
leite (m)	laban (m)	لبن
sumo (m)	ʿaṣīr (m)	عصير
cerveja (f)	bīra (f)	بيرة
chá (m)	ʃāy (m)	شاي
tomate (m)	ṭamāṭem (f)	طماطم
pepino (m)	χeyār (m)	خيار
cenoura (f)	gazar (m)	جزر
batata (f)	baṭāṭes (f)	بطاطس
cebola (f)	baṣal (m)	بصل
alho (m)	tūm (m)	ثوم
couve (f)	koronb (m)	كرنب
beterraba (f)	bangar (m)	بنجر
beringela (f)	bātengān (m)	باذنجان
funcho, endro (m)	ʃabat (m)	شبت
alface (f)	χass (m)	خسّ
milho (m)	dora (f)	ذرة
fruta (f)	faχa (f)	فاكهة
maçã (f)	toffāḥa (f)	تفّاحة
pera (f)	komettra (f)	كمّثرى
limão (m)	lymūn (m)	ليمون
laranja (f)	bortoqāl (m)	برتقال
morango (m)	farawla (f)	فراولة
ameixa (f)	barʼūʼ (m)	برقوق
framboesa (f)	tūt el ʿalīʼ el aḥmar (m)	توت العليق الأحمر
ananás (m)	ananās (m)	أناناس
banana (f)	moze (m)	موز
melancia (f)	baṭṭīχ (m)	بطّيخ
uva (f)	ʿenab (m)	عنب
meloa (f)	ʃammām (f)	شمّام

12. Comida. Parte 2

cozinha (~ portuguesa)	maṭbaχ (m)	مطبخ
receita (f)	waṣfa (f)	وصفة
comida (f)	akl (m)	أكل
tomar o pequeno-almoço	feṭer	فطر
almoçar (vi)	etɣadda	إتغدّى

jantar (vi)	etʿasʃa	إتعشّى
sabor, gosto (m)	ṭaʿm (m)	طعم
gostoso	ḥelw	حلو
frio	bāred	بارد
quente	soχn	سخن
doce (açucarado)	mesakkar	مسكّر
salgado	māleḥ	مالح
sandes (f)	sandawitʃ (m)	ساندويتش
conduto (m)	ṭabaʾ gāneby (m)	طبق جانبي
recheio (m)	ḥaʃwa (f)	حشوة
molho (m)	ṣalṣa (f)	صلصة
pedaço (~ de bolo)	ʾeṭʿa (f)	قطعة
dieta (f)	reʒīm (m)	رجيم
vitamina (f)	vitamīn (m)	فيتامين
caloria (f)	soʿra ḥarāriya (f)	سعرة حراريّة
vegetariano (m)	nabāty (m)	نباتي
restaurante (m)	maṭʿam (m)	مطعم
café (m)	ʾahwa (f), kaféih (m)	قهوة ,كافيه
apetite (m)	ʃahiya (f)	شهيّة
Bom apetite!	bel hana wel ʃefa!	بالهنا والشفا!
empregado (m) de mesa	garsone (m)	جرسون
empregada (f) de mesa	garsona (f)	جرسونة
barman (m)	bārman (m)	بارمان
ementa (f)	qāʾemet el ṭaʿām (f)	قائمة طعام
colher (f)	maʿlaʾa (f)	معلقة
faca (f)	sekkīna (f)	سكّينة
garfo (m)	ʃawka (f)	شوكة
chávena (f)	fengān (m)	فنجان
prato (m)	ṭabaʾ (m)	طبق
pires (m)	ṭabaʾ fengān (m)	طبق فنجان
guardanapo (m)	mandīl waraʾ (m)	منديل ورق
palito (m)	χallet senān (f)	خلة سنان
pedir (vt)	ṭalab	طلب
prato (m)	wagba (f)	وجبة
porção (f)	naṣīb (m)	نصيب
entrada (f)	moqabbelāt (pl)	مقبّلات
salada (f)	solṭa (f)	سلطة
sopa (f)	ʃorba (f)	شوربة
sobremesa (f)	ḥalawīāt (pl)	حلويّات
doce (m)	mrabba (m)	مربّى
gelado (m)	ʾays krīm (m)	آيس كريم
conta (f)	ḥesāb (m)	حساب
pagar a conta	dafaʿ el ḥesāb	دفع الحساب
gorjeta (f)	baʾʃīʃ (m)	بقشيش

13. Casa. Apartamento. Parte 1

casa (f)	beyt (m)	بيت
casa (f) de campo	villa rīfiya (f)	فيلا ريفيّة
vila (f)	villa (f)	فيلا
andar (m)	dore (m)	دور
entrada (f)	madχal (m)	مدخل
parede (f)	ḥeyṭa (f)	حيطة
telhado (m)	sa'f (m)	سقف
chaminé (f)	madχana (f)	مدخنة
sótão (m)	ʿelya (f)	علية
janela (f)	ʃebbāk (m)	شبّاك
parapeito (m)	ḥāfet el ʃebbāk (f)	حافة الشبّاك
varanda (f)	balakona (f)	بلكونة
escada (f)	sellem (m)	سلّم
caixa (f) de correio	ṣandū' el barīd (m)	صندوق البريد
caixote (m) do lixo	ṣandū' el zebāla (m)	صندوق الزبالة
elevador (m)	asanseyr (m)	اسانسير
eletricidade (f)	kahraba' (m)	كهرباء
lâmpada (f)	lammba (f)	لمّبة
interruptor (m)	meftāḥ (m)	مفتاح
tomada (f)	bareza el kaharaba' (f)	بريزة الكهرباء
fusível (m)	fetīl (m)	فتيل
porta (f)	bāb (m)	باب
maçaneta (f)	okret el bāb (f)	اوكرة الباب
chave (f)	meftāḥ (m)	مفتاح
tapete (m) de entrada	seggādet bāb (f)	سجّادة باب
fechadura (f)	'efl el bāb (m)	قفل الباب
campainha (f)	garas (m)	جرس
batida (f)	ṭar', da'' (m)	طرق, دقّ
bater (vi)	χabbaṭ	خبّط
vigia (f), olho (m) mágico	el ʿeyn el seḥriya (m)	العين السحرية
pátio (m)	sāḥa (f)	ساحة
jardim (m)	geneyna (f)	جنينة
piscina (f)	ḥammām sebāḥa (m)	حمّام سباحة
ginásio (m)	gīm (m)	جيم
campo (m) de ténis	malʿab tennis (m)	ملعب تنسّ
garagem (f)	garāʒ (m)	جراج
propriedade (f) privada	melkiya χāṣa (f)	ملكيّة خاصّة
sinal (m) de aviso	lāfetat taḥzīr (f)	لافتة تحذير
guarda (f)	ḥerāsa (f)	حراسة
guarda (m)	ḥāres amn (m)	حارس أمن
renovação (f)	tagdīdāt (m)	تجديدات
renovar (vt), fazer obras	gadded	جدّد

arranjar (vt)	nazzam	نظّم
pintar (vt)	dahhen	دهّن
papel (m) de parede	wara' ḥā'eṭ (m)	ورق حائط
envernizar (vt)	ṭala bel warnīʃ	طلى بالورنيش
tubo (m)	masūra (f)	ماسورة
ferramentas (f pl)	adawāt (pl)	أدوات
cave (f)	badrome (m)	بدروم
sistema (m) de esgotos	ʃabaket el magāry (f)	شبكة المجاري

14. Casa. Apartamento. Parte 2

apartamento (m)	ʃa''a (f)	شقّة
quarto (m)	oḍa (f)	أوضة
quarto (m) de dormir	oḍet el nome (f)	أوضة النوم
sala (f) de jantar	oḍet el sofra (f)	أوضة السفرة
sala (f) de estar	oḍet el esteqbāl (f)	أوضة الإستقبال
escritório (m)	maktab (m)	مكتب
antessala (f)	madχal (m)	مدخل
quarto (m) de banho	ḥammām (m)	حمّام
quarto (m) de banho	ḥammām (m)	حمّام
chão, soalho (m)	arḍiya (f)	أرضية
teto (m)	sa'f (m)	سقف
limpar o pó	masaḥ el ɣobār	مسح الغبار
aspirador (m)	maknasa kahraba'iya (f)	مكنسة كهربائيّة
aspirar (vt)	naḍḍaf be maknasa kahrabā'iya	نظّف بمكنسة كهربائيّة
esfregona (f)	ʃarʃūba (f)	شرشوبة
pano (m), trapo (m)	mamsaḥa (f)	ممسحة
vassoura (f)	ma'ʃa (f)	مقشّة
pá (f) de lixo	lammāma (f)	لمّامة
mobiliário (m)	asās (m)	أثاث
mesa (f)	maktab (m)	مكتب
cadeira (f)	korsy (m)	كرسي
cadeirão (m)	korsy (m)	كرسي
biblioteca (f)	χazzānet kotob (f)	خزّانة كتب
prateleira (f)	raff (m)	رفّ
guarda-vestidos (m)	dolāb (m)	دولاب
espelho (m)	merāya (f)	مراية
tapete (m)	seggāda (f)	سجّادة
lareira (f)	daffāya (f)	دفّاية
cortinas (f pl)	satā'er (pl)	ستائر
candeeiro (m) de mesa	abāʒūr (f)	اباجورة

lustre (m)	nagafa (f)	نجفة
cozinha (f)	maṭbaχ (m)	مطبخ
fogão (m) a gás	botoɣāz (m)	بوتوغاز
fogão (m) elétrico	forn kaharabā'y (m)	فرن كهربائي
forno (m) de micro-ondas	mikroweyv (m)	ميكروويف
frigorífico (m)	tallāga (f)	ثلاجة
congelador (m)	freyzer (m)	فريزر
máquina (f) de lavar louça	ɣassālet aṭbā' (f)	غسّالة أطباق
torneira (f)	ḥanafiya (f)	حنفيّة
moedor (m) de carne	farrāmet laḥm (f)	فرّامة لحم
espremedor (m)	'aṣṣāra (f)	عصّارة
torradeira (f)	maḥmaṣet χobz (f)	محمصة خبز
batedeira (f)	χallāṭ (m)	خلّاط
máquina (f) de café	makinet ṣon' el 'ahwa (f)	ماكينة صنع القهوة
chaleira (f)	ɣallāya (f)	غلّاية
bule (m)	barrād el ʃāy (m)	برّاد الشاي
televisor (m)	televizion (m)	تليفزيون
videogravador (m)	'āla tasgīl video (f)	آلة تسجيل فيديو
ferro (m) de engomar	makwa (f)	مكواة
telefone (m)	telefon (m)	تليفون

15. Profissões. Estatuto social

diretor (m)	modīr (m)	مدير
superior (m)	motafawweq (m)	متفوّق
presidente (m)	ra'īs (m)	رئيس
assistente (m)	mosā'ed (m)	مساعد
secretário (m)	sekerteyr (m)	سكرتير
proprietário (m)	ṣāḥeb (m)	صاحب
parceiro, sócio (m)	ʃerīk (m)	شريك
acionista (m)	mālek el as-hom (m)	مالك الأسهم
homem (m) de negócios	ragol a'māl (m)	رجل أعمال
milionário (m)	millyonīr (m)	مليونير
bilionário (m)	milliardīr (m)	ملياردير
ator (m)	momassel (m)	ممثّل
arquiteto (m)	mohandes me'māry (m)	مهندس معماري
banqueiro (m)	ṣāḥeb maṣraf (m)	صاحب مصرف
corretor (m)	semsār (m)	سمسار
veterinário (m)	doktore beṭary (m)	دكتور بيطري
médico (m)	doktore (m)	دكتور
camareira (f)	'āmela tandīf ɣoraf (f)	عاملة تنظيف غرف
designer (m)	moṣammem (m)	مصمّم

correspondente (m)	morāsel (m)	مراسل
entregador (m)	rāgel el delivery (m)	راجل الديلفري
eletricista (m)	kahrabā'y (m)	كهربائي
músico (m)	'āzef (m)	عازف
babysitter (f)	dāda (f)	دادة
cabeleireiro (m)	ḥallā' (m)	حلّاق
pastor (m)	rā'y (m)	راعي
cantor (m)	moṭreb (m)	مطرب
tradutor (m)	motargem (m)	مترجم
escritor (m)	kāteb (m)	كاتب
carpinteiro (m)	naggār (m)	نجّار
cozinheiro (m)	ṭabbāχ (m)	طبّاخ
bombeiro (m)	rāgel el maṭāfy (m)	راجل المطافئ
polícia (m)	ʃorṭy (m)	شرطي
carteiro (m)	sā'y el barīd (m)	ساعي البريد
programador (m)	mobarmeg (m)	مبرمج
vendedor (m)	bayā' (m)	بيّاع
operário (m)	'āmel (m)	عامل
jardineiro (m)	bostāny (m)	بستاني
canalizador (m)	samkary (m)	سمكري
estomatologista (m)	doktore asnān (m)	دكتور أسنان
hospedeira (f) de bordo	moḍīfet ṭayarān (f)	مضيفة طيران
bailarino (m)	rāqeṣ (m)	راقص
guarda-costas (m)	ḥāres ʃaχṣy (m)	حارس شخصي
cientista (m)	'ālem (m)	عالِم
professor (m)	modarres madrasa (m)	مدرس مدرسة
agricultor (m)	mozāre' (m)	مزارع
cirurgião (m)	garrāḥ (m)	جرّاح
mineiro (m)	'āmel mangam (m)	عامل منجم
cozinheiro chefe (m)	el ʃeyf (m)	الشيف
condutor (automobilista)	sawwā' (m)	سوّاق

16. Desporto

tipo (m) de desporto	nū' men el reyāḍa (m)	نوع من الرياضة
futebol (m)	koret el qadam (f)	كرة القدم
hóquei (m)	hoky (m)	هوكي
basquetebol (m)	koret el salla (f)	كرة السلّة
beisebol (m)	baseball (m)	بيسبول
voleibol (m)	voliball (m)	فولي بول
boxe (m)	molakma (f)	ملاكمة
luta (f)	moṣar'a (f)	مصارعة
ténis (m)	tennis (m)	تنس

natação (f)	sebāḥa (f)	سباحة
xadrez (m)	ʃaṭarang (m)	شطرنج
corrida (f)	garyī (m)	جري
atletismo (m)	alʿāb el qowa (pl)	ألعاب القوى
patinagem (f) artística	tazallog fanny ʿalal galīd (m)	تزلّج فنّي على الجليد
ciclismo (m)	rokūb el darragāt (m)	ركوب الدرّاجات
bilhar (m)	bilyardo (m)	بلياردو
musculação (f)	body building (m)	بادي بيلدنج
golfe (m)	golf (m)	جولف
mergulho (m)	ɣoṣe (m)	غوص
vela (f)	reyāḍa ebḥār el marākeb (f)	رياضة إبحارالمراكب
tiro (m) com arco	remāya (f)	رماية
tempo (m)	ʃoṭe (m)	شوط
intervalo (m)	beyn el ʃoṭeyn	بين الشوطين
empate (m)	taʿādol (m)	تعادل
empatar (vi)	taʿādal	تعادل
passadeira (f)	trīdmil (f)	تريد ميل
jogador (m)	lāʿeb (m)	لاعب
jogador (m) de reserva	lāʿeb eḥteyāṭy (m)	لاعب إحتياطي
banco (m) de reservas	dekket el eḥṭiāṭy (f)	دكّة الإحتياطي
jogo (desafio)	mobarā (f)	مباراة
baliza (f)	marma (m)	مرمى
guarda-redes (m)	ḥāres el marma (m)	حارس المرمى
golo (m)	hadaf (m)	هدف
Jogos (m pl) Olímpicos	alʿāb olombiya (pl)	ألعاب أولمبيّة
estabelecer um recorde	fāz be raqam qeyāsy	فاز برقم قياسي
final (m)	mobarāh neha'iya (f)	مباراة نهائيّة
campeão (m)	baṭal (m)	بطل
campeonato (m)	boṭūla (f)	بطولة
vencedor (m)	fā'ez (m)	فائز
vitória (f)	foze (m)	فوز
ganhar (vi)	fāz	فاز
perder (vt)	χeser	خسر
medalha (f)	medalya (f)	ميدالية
primeiro lugar (m)	el martaba el ūla (f)	المرتبة الأولى
segundo lugar (m)	el martaba el tanya (f)	المرتبة الثانية
terceiro lugar (m)	el martaba el talta (f)	المرتبة الثالثة
estádio (m)	malʿab (m)	ملعب
fã, adepto (m)	moʃaggeʿ (m)	مشجّع
treinador (m)	modarreb (m)	مدرّب
treino (m)	tadrīb (m)	تدريب

17. Línguas estrangeiras. Ortografia

língua (f)	loɣa (f)	لغة
estudar (vt)	daras	درس
pronúncia (f)	noṭ' (m)	نطق
sotaque (m)	lahga (f)	لهجة
substantivo (m)	esm (m)	اسم
adjetivo (m)	ṣefa (f)	صفة
verbo (m)	fe'l (m)	فعل
advérbio (m)	ẓarf (m)	ظرف
pronome (m)	ḍamīr (m)	ضمير
interjeição (f)	oslūb el ta'aggob (m)	أسلوب التعجّب
preposição (f)	ḥarf el garr (m)	حرف الجرّ
raiz (f) da palavra	gezr el kelma (m)	جذر الكلمة
terminação (f)	nehāya (f)	نهاية
prefixo (m)	sabaeqa (f)	سابقة
sílaba (f)	maqṭa' lafzy (m)	مقطع لفظي
sufixo (m)	lāḥeqa (f)	لاحقة
acento (m)	nabra (f)	نبرة
ponto (m)	no'ṭa (f)	نقطة
vírgula (f)	faṣla (f)	فاصلة
dois pontos (m pl)	no'ṭeteyn (pl)	نقطتين
reticências (f pl)	talat no'aṭ (pl)	ثلاث نقط
pergunta (f)	so'āl (m)	سؤال
ponto (m) de interrogação	'alāmet estefhām (f)	علامة إستفهام
ponto (m) de exclamação	'alāmet ta'aggob (f)	علامة تعجّب
entre aspas	beyn 'alamaty el eqtebās	بين علامتي الاقتباس
entre parênteses	beyn el qoseyn	بين القوسين
letra (f)	ḥarf (m)	حرف
letra (f) maiúscula	ḥarf kebīr (m)	حرف كبير
frase (f)	gomla (f)	جملة
grupo (m) de palavras	magmū'a men el kelamāt (pl)	مجموعة من الكلمات
expressão (f)	moṣṭalaḥ (m)	مصطلح
sujeito (m)	fā'el (m)	فاعل
predicado (m)	mosnad (m)	مسند
linha (f)	saṭr (m)	سطر
parágrafo (m)	faqra (f)	فقرة
sinónimo (m)	morādef (m)	مرادف
antónimo (m)	motaḍād loɣawy (m)	متضاد لغوي
exceção (f)	estesnā' (m)	إستثناء
sublinhar (vt)	ḥaṭṭ xaṭṭ taḥt	حطّ خطّ تحت

regras (f pl)	qawā'ed (pl)	قواعد
gramática (f)	el naḥw wol ṣarf (m)	النحو والصرف
léxico (m)	mofradāt el loɣa (pl)	مفردات اللغة
fonética (f)	ṣawtīāt (pl)	صوتيات
alfabeto (m)	abgadiya (f)	أبجدية
manual (m) escolar	ketāb ta'līm (m)	كتاب تعليم
dicionário (m)	qamūs (m)	قاموس
guia (m) de conversação	ketāb lel 'ebarāt el ʃā'e'a (m)	كتاب للعبارت الشائعة
palavra (f)	kelma (f)	كلمة
sentido (m)	ma'na (m)	معنى
memória (f)	zākera (f)	ذاكرة

18. A Terra. Geografia

Terra (f)	el arḍ (f)	الأرض
globo terrestre (Terra)	el kora el arḍiya (f)	الكرة الأرضيّة
planeta (m)	kawwkab (m)	كوّكب
geografia (f)	goɣrafia (f)	جغرافيا
natureza (f)	ṭabee'a (f)	طبيعة
mapa (m)	χarīṭa (f)	خريطة
atlas (m)	aṭlas (m)	أطلس
no norte	fel ʃamāl	في الشمال
no sul	fel ganūb	في الجنوب
no oeste	fel ɣarb	في الغرب
no leste	fel ʃar'	في الشرق
mar (m)	baḥr (m)	بحر
oceano (m)	moḥīṭ (m)	محيط
golfo (m)	χalīg (m)	خليج
estreito (m)	maḍīq (m)	مضيق
continente (m)	qārra (f)	قارّة
ilha (f)	gezīra (f)	جزيرة
península (f)	ʃebh gezeyra (f)	شبه جزيرة
arquipélago (m)	magmū'et gozor (f)	مجموعة جزر
porto (m)	minā' (m)	ميناء
recife (m) de coral	ʃo'āb morganiya (pl)	شعاب مرجانية
litoral (m)	sāḥel (m)	ساحل
costa (f)	sāḥel (m)	ساحل
maré (f) alta	tayār (m)	تيّار
maré (f) baixa	gozor (m)	جزر
latitude (f)	'arḍ (m)	عرض
longitude (f)	χaṭṭ ṭūl (m)	خطّ طول

paralela (f)	motawāz (m)	متواز
equador (m)	xatt el estewā' (m)	خطّ الإستواء
céu (m)	samā' (f)	سماء
horizonte (m)	ofoq (m)	أفق
atmosfera (f)	el ɣelāf el gawwy (m)	الغلاف الجوّي
montanha (f)	gabal (m)	جبل
cume (m)	qemma (f)	قمّة
falésia (f)	garf (m)	جرف
colina (f)	tall (m)	تلّ
vulcão (m)	borkān (m)	بركان
glaciar (m)	nahr galīdy (m)	نهر جليدي
queda (f) d'água	ʃallāl (m)	شلاّل
planície (f)	sahl (m)	سهل
rio (m)	nahr (m)	نهر
fonte, nascente (f)	'eyn (m)	عين
margem (do rio)	ḍaffa (f)	ضفّة
rio abaixo	ma' ettigāh magra el nahr	مع إتّجاه مجرى النهر
rio acima	ḍed el tayār	ضد التيار
lago (m)	boḥeyra (f)	بحيرة
barragem (f)	sadd (m)	سدّ
canal (m)	qanah (f)	قناة
pântano (m)	mostanqa' (m)	مستنقع
gelo (m)	galīd (m)	جليد

19. Países do Mundo. Parte 1

Europa (f)	orobba (f)	أوروبّا
União (f) Europeia	el etteḥād el orobby (m)	الإتّحاد الأوروبّي
europeu (m)	orobby (m)	أوروبّي
europeu	orobby	أوروبّي
Áustria (f)	el nemsa (f)	النمسا
Grã-Bretanha (f)	briṭaniya el 'ozma (f)	بريطانيا العظمى
Inglaterra (f)	engeltera (f)	إنجلترا
Bélgica (f)	balʒīka (f)	بلجيكا
Alemanha (f)	almānya (f)	ألمانيا
Países (m pl) Baixos	holanda (f)	هولندا
Holanda (f)	holanda (f)	هولندا
Grécia (f)	el yunān (f)	اليونان
Dinamarca (f)	el denmark (f)	الدنمارك
Irlanda (f)	irelanda (f)	أيرلندا
Islândia (f)	'āyslanda (f)	آيسلندا
Espanha (f)	asbānya (f)	إسبانيا

Itália (f)	eṭālia (f)	إيطاليا
Chipre (m)	'obroṣ (f)	قبرص
Malta (f)	malṭa (f)	مالطا
Noruega (f)	el nerwīg (f)	النرويج
Portugal (m)	el bortoɣāl (f)	البرتغال
Finlândia (f)	finlanda (f)	فنلندا
França (f)	faransa (f)	فرنسا
Suécia (f)	el sweyd (f)	السويد
Suíça (f)	swesra (f)	سويسرا
Escócia (f)	oskotlanda (f)	اسكتلندا
Vaticano (m)	el vatikān (m)	الفاتيكان
Liechtenstein (m)	liʃtenʃtayn (m)	ليشتنشتاين
Luxemburgo (m)	luksemburg (f)	لوكسمبورج
Mónaco (m)	monako (f)	موناكو
Albânia (f)	albānia (f)	ألبانيا
Bulgária (f)	bolɣāria (f)	بلغاريا
Hungria (f)	el magar (f)	المجر
Letónia (f)	latvia (f)	لاتفيا
Lituânia (f)	litwānia (f)	ليتوانيا
Polónia (f)	bolanda (f)	بولندا
Roménia (f)	romānia (f)	رومانيا
Sérvia (f)	ṣerbia (f)	صربيا
Eslováquia (f)	slovākia (f)	سلوفاكيا
Croácia (f)	kroātya (f)	كرواتيا
República (f) Checa	gomhoriya el tʃīk (f)	جمهورية التشيك
Estónia (f)	estūnia (f)	إستونيا
Bósnia e Herzegovina (f)	el bosna wel harsek (f)	البوسنة والهرسك
Macedónia (f)	maqdūnia (f)	مقدونيا
Eslovénia (f)	slovenia (f)	سلوفينيا
Montenegro (m)	el gabal el aswad (m)	الجبل الأسود
Bielorrússia (f)	belarūsia (f)	بيلاروسيا
Moldávia (f)	moldāvia (f)	مولدافيا
Rússia (f)	rūsya (f)	روسيا
Ucrânia (f)	okrānia (f)	أوكرانيا

20. Países do Mundo. Parte 2

Ásia (f)	asya (f)	آسيا
Vietname (m)	vietnām (f)	فيتنام
Índia (f)	el hend (f)	الهند
Israel (m)	isra'īl (f)	إسرائيل
China (f)	el ṣīn (f)	الصين
Líbano (m)	lebnān (f)	لبنان
Mongólia (f)	manɣūlia (f)	منغوليا

Malásia (f)	malīzya (f)	ماليزيا
Paquistão (m)	bakistān (f)	باكستان
Arábia (f) Saudita	el so'odiya (f)	السعوديّة
Tailândia (f)	tayland (f)	تايلاند
Taiwan (m)	taywān (f)	تايوان
Turquia (f)	turkia (f)	تركيا
Japão (m)	el yabān (f)	اليابان
Afeganistão (m)	afɣanistan (f)	أفغانستان
Bangladesh (m)	bangladeʃ (f)	بنجلاديش
Indonésia (f)	indonisya (f)	إندونيسيا
Jordânia (f)	el ordon (m)	الأردن
Iraque (m)	el 'erāq (m)	العراق
Irão (m)	iran (f)	إيران
Camboja (f)	kambodya (f)	كمبوديا
Kuwait (m)	el kuweyt (f)	الكويت
Laos (m)	laos (f)	لاوس
Mianmar, Birmânia	myanmar (f)	ميانمار
Nepal (m)	nebāl (f)	نيبال
Emirados Árabes Unidos	el emārāt el 'arabiya el mottaḥeda (pl)	الإمارات العربية المتَحدة
Síria (f)	soria (f)	سوريا
Palestina (f)	felesṭīn (f)	فلسطين
Coreia do Sul (f)	korea el ganūbiya (f)	كوريا الجنوبيّة
Coreia do Norte (f)	korea el ʃamāliya (f)	كوريا الشماليّة
Estados Unidos da América	el welayāt el mottaḥda el amrīkiya (pl)	الولايات المتّحدة الأمريكيّة
Canadá (m)	kanada (f)	كندا
México (m)	el maksīk (f)	المكسيك
Argentina (f)	arʒantīn (f)	الأرجنتين
Brasil (m)	el barazīl (f)	البرازيل
Colômbia (f)	kolombia (f)	كولومبيا
Cuba (f)	kūba (f)	كوبا
Chile (m)	tʃīly (f)	تشيلي
Venezuela (f)	venzweyla (f)	فنزويلا
Equador (m)	el equador (f)	الإكوادور
Bahamas (f pl)	gozor el bahāmas (pl)	جزر البهاماس
Panamá (m)	banama (f)	بنما
Egito (m)	maṣr (f)	مصر
Marrocos	el maɣreb (m)	المغرب
Tunísia (f)	tunis (f)	تونس
Quénia (f)	kenya (f)	كينيا
Líbia (f)	libya (f)	ليبيا
África do Sul (f)	afreqia el ganūbiya (f)	أفريقيا الجنوبيّة
Austrália (f)	ostorālya (f)	أستراليا
Nova Zelândia (f)	nyu zelanda (f)	نيوزيلنّدا

21. Tempo. Catástrofes naturais

tempo (m)	ṭa's (m)	طقس
previsão (f) do tempo	naʃra gawiya (f)	نشرة جويّة
temperatura (f)	ḥarāra (f)	حرارة
termómetro (m)	termometr (m)	ترمومتر
barómetro (m)	barometr (m)	بارومتر
sol (m)	ʃams (f)	شمس
brilhar (vi)	nawwar	نوّر
de sol, ensolarado	moʃmes	مشمس
nascer (vi)	ʃara'	شرق
pôr-se (vp)	ɣarab	غرب
chuva (f)	maṭar (m)	مطر
está a chover	el donia betmaṭṭar	الدنيا بتمطّر
chuva (f) torrencial	maṭar monhamer (f)	مطر منهمر
nuvem (f) negra	saḥābet maṭar (f)	سحابة مطر
poça (f)	berka (f)	بركة
molhar-se (vp)	ettbal	إتّبل
trovoada (f)	'āṣefa ra'diya (f)	عاصفة رعدية
relâmpago (m)	bar' (m)	برق
relampejar (vi)	baraq	برق
trovão (m)	ra'd (m)	رعد
está a trovejar	el samā' dawat ra'd (f)	السماء دوّت رعد
granizo (m)	maṭar bard (m)	مطر برد
está a cair granizo	maṭṭaret bard	مطّرت برد
calor (m)	ḥarāra (f)	حرارة
está muito calor	el gaww ḥarr	الجوّ حرّ
está calor	el gaww dafa	الجوّ دفا
está frio	el gaww bāred	الجوّ بارد
nevoeiro (m)	ʃabbūra (f)	شبّورة
de nevoeiro	fih ʃabbūra	فيه شبّورة
nuvem (f)	saḥāba (f)	سحابة
nublado	meɣayem	مغيّم
humidade (f)	roṭūba (f)	رطوبة
neve (f)	talg (m)	ثلج
está a nevar	fih talg	فيه ثلج
gelo (m)	ṣaqee' (m)	صقيع
abaixo de zero	taḥt el ṣefr	تحت الصفر
geada (f) branca	ṣaqee' motagammed (m)	صقيع متجمّد
mau tempo (m)	ṭa's saye' (m)	طقس سئ
catástrofe (f)	karsa (f)	كارثة
inundação (f)	fayaḍān (m)	فيضان
avalanche (f)	enheyār talgy (m)	إنهيار ثلجي
terremoto (m)	zelzāl (m)	زلزال

abalo, tremor (m)	hazza arḍiya (f)	هزّة أرضية
epicentro (m)	markaz el zelzāl (m)	مركز الزلزال
erupção (f)	sawarān (m)	ثوران
lava (f)	ḥomam borkāniya (pl)	حمم بركانية
turbilhão, tornado (m)	e'ṣār (m)	إعصار
furacão (m)	e'ṣār (m)	إعصار
tsunami (m)	tsunāmy (m)	تسونامي
ciclone (m)	e'ṣār (m)	إعصار

22. Animais. Parte 1

animal (m)	ḥayawān (m)	حيوان
predador (m)	moftares (m)	مفترس
tigre (m)	nemr (m)	نمر
leão (m)	asad (m)	أسد
lobo (m)	ze'b (m)	ذئب
raposa (f)	ta'lab (m)	ثعلب
jaguar (m)	nemr amrīky (m)	نمر أمريكي
lince (m)	waʃaq (m)	وشق
coiote (m)	qayūṭ (m)	قيوط
chacal (m)	ebn 'āwy (m)	ابن آوى
hiena (f)	ḍeb' (m)	ضبع
esquilo (m)	sengāb (m)	سنجاب
ouriço (m)	qonfoz (m)	قنفذ
coelho (m)	arnab (m)	أرنب
guaxinim (m)	rakūn (m)	راكون
hamster (m)	hamster (m)	هامستر
toupeira (f)	χold (m)	خلد
rato (m)	fār (m)	فأر
ratazana (f)	gerz (m)	جرذ
morcego (m)	χoffāʃ (m)	خفّاش
castor (m)	qondos (m)	قندس
cavalo (m)	ḥoṣān (m)	حصان
veado (m)	ayl (m)	أيل
camelo (m)	gamal (m)	جمل
zebra (f)	ḥomār waḥʃy (m)	حمار وحشي
baleia (f)	ḥūt (m)	حوت
foca (f)	foqma (f)	فقمة
morsa (f)	el kab' (m)	الكبع
golfinho (m)	dolfīn (m)	دولفين
urso (m)	dobb (m)	دبّ
macaco (em geral)	'erd (m)	قرد

elefante (m)	fīl (m)	فيل
rinoceronte (m)	χartīt (m)	خرتيت
girafa (f)	zarāfa (f)	زرافة
hipopótamo (m)	faras el nahr (m)	فرس النهر
canguru (m)	kangarū (m)	كانجّارو
gata (f)	ʾoṭṭa (f)	قطّة
cão (m)	kalb (m)	كلب
vaca (f)	baʾara (f)	بقرة
touro (m)	sore (m)	ثور
ovelha (f)	χarūf (f)	خروف
cabra (f)	meʿza (f)	معزة
burro (m)	ḥomār (m)	حمار
porco (m)	χenzīr (m)	خنزير
galinha (f)	farχa (f)	فرخة
galo (m)	dīk (m)	ديك
pato (m), pata (f)	baṭṭa (f)	بطّة
ganso (m)	wezza (f)	وزّة
perua (f)	dīk rūmy (m)	ديك رومي
cão pastor (m)	kalb rāʿy (m)	كلب رعي

23. Animais. Parte 2

pássaro, ave (m)	ṭāʾer (m)	طائر
pombo (m)	ḥamāma (f)	حمامة
pardal (m)	ʿaṣfūr dawri (m)	عصفور دوري
chapim-real (m)	qarqaf (m)	قرقف
pega-rabuda (f)	ʿaʾʿaʾ (m)	عقعق
águia (f)	ʿeqāb (m)	عقاب
açor (m)	el bāz (m)	الباز
falcão (m)	ṣaʾr (m)	صقر
cisne (m)	el temm (m)	التمّ
grou (m)	karkiya (m)	كركية
cegonha (f)	loqloq (m)	لقلق
papagaio (m)	babaɣāʾ (m)	ببغاء
pavão (m)	ṭawūs (m)	طاووس
avestruz (f)	naʿāma (f)	نعامة
garça (f)	belʃone (m)	بلشون
rouxinol (m)	ʿandalīb (m)	عندليب
andorinha (f)	el sonūnū (m)	السنونو
pica-pau (m)	naʾār el χaʃab (m)	نقار الخشب
cuco (m)	weqwāq (m)	وقواق
coruja (f)	būma (f)	بومة
pinguim (m)	beṭrīq (m)	بطريق

atum (m)	tuna (f)	تونة
truta (f)	salamon mera''aṭ (m)	سلمون مرقّط
enguia (f)	ḥankalīs (m)	حنكليس
tubarão (m)	'erʃ (m)	قرش
caranguejo (m)	kaboria (m)	كابوريا
medusa, alforreca (f)	'andīl el baḥr (m)	قنديل البحر
polvo (m)	aχṭabūṭ (m)	أخطبوط
estrela-do-mar (f)	negmet el baḥr (f)	نجمة البحر
ouriço-do-mar (m)	qonfoz el baḥr (m)	قنفذ البحر
cavalo-marinho (m)	ḥoṣān el baḥr (m)	حصان البحر
camarão (m)	gammbary (m)	جمّبري
serpente, cobra (f)	te'bān (m)	ثعبان
víbora (f)	af'a (f)	أفعى
lagarto (m)	seḥliya (f)	سحليّة
iguana (f)	eɣwana (f)	إغوانة
camaleão (m)	ḥerbāya (f)	حرباية
escorpião (m)	'a'rab (m)	عقرب
tartaruga (f)	solḥefah (f)	سلحفاة
rã (f)	ḍeffḍa' (m)	ضفدع
crocodilo (m)	temsāḥ (m)	تمساح
inseto (m)	ḥaʃara (f)	حشرة
borboleta (f)	farāʃa (f)	فراشة
formiga (f)	namla (f)	نملة
mosca (f)	debbāna (f)	دبّانة
mosquito (m)	namūsa (f)	ناموسة
escaravelho (m)	χonfesa (f)	خنفسة
abelha (f)	naḥla (f)	نحلة
aranha (f)	'ankabūt (m)	عنكبوت

24. Árvores. Plantas

árvore (f)	ʃagara (f)	شجرة
bétula (f)	batola (f)	بتولا
carvalho (m)	ballūṭ (f)	بلّوط
tília (f)	zayzafūn (f)	زيزفون
choupo-tremedor (m)	ḥūr rāgef	حور راجف
bordo (m)	qayqab (f)	قيقب
espruce-europeu (m)	rateng (f)	راتينج
pinheiro (m)	ṣonober (f)	صنوبر
cedro (m)	el orz (f)	الأرز
choupo, álamo (m)	ḥūr (f)	حور
tramazeira (f)	ɣobayrā' (f)	غبيراء

faia (f)	el zān (f)	الزان
ulmeiro (m)	derdar (f)	دردار
freixo (m)	marān (f)	مران
castanheiro (m)	kastanā' (f)	كستناء
palmeira (f)	naχla (f)	نخلة
arbusto (m)	ʃogeyra (f)	شجيرة
cogumelo (m)	feṭr (f)	فطر
cogumelo (m) venenoso	feṭr sām (m)	فطر سام
cepe-de-bordéus (m)	feṭr boleṭe ma'kūl (m)	فطر بوليط مأكول
rússula (f)	feṭr russula (m)	فطر روسولا
agário-das-moscas (m)	feṭr amanīt el ṭā'er (m)	فطر أمانيت الطائر
cicuta (f) verde	feṭr amanīt falusyāny el sām (m)	فطر أمانيت فالوسياني السام
flor (f)	zahra (f)	زهرة
ramo (m) de flores	bokeyh (f)	بوكيه
rosa (f)	warda (f)	وردة
tulipa (f)	tolīb (f)	توليب
cravo (m)	'oronfol (m)	قرنفل
camomila (f)	kamomile (f)	كاموميل
cato (m)	ṣabbār (m)	صبّار
lírio-do-vale (m)	zanbaq el wādy (f)	زنبق الوادي
campânula-branca (f)	zahrat el laban (f)	زهرة اللبن
nenúfar (m)	niloferiya (f)	نيلوفرية
estufa (f)	ṣoba (f)	صوبة
relvado (m)	ʿoʃb aχḍar (m)	عشب أخضر
canteiro (m) de flores	geneynet zohūr (f)	جنينة زهور
planta (f)	nabāt (m)	نبات
erva (f)	ʿoʃb (m)	عشب
folha (f)	wara'a (f)	ورقة
pétala (f)	wara'et el zahra (f)	ورقة الزهرة
talo (m)	sāq (f)	ساق
broto, rebento (m)	nabta saɣīra (f)	نبتة صغيرة
cereais (plantas)	maḥaṣīl el ḥubūb (pl)	محاصيل الحبوب
trigo (m)	'amḥ (m)	قمح
centeio (m)	ʃelm mazrūʿ (m)	شيلم مزروع
aveia (f)	ʃofān (m)	شوفان
milho-miúdo (m)	el deχn (m)	الدُخن
cevada (f)	ʃeʿīr (m)	شعير
milho (m)	dora (f)	ذرة
arroz (m)	rozz (m)	رزّ

25. Várias palavras úteis

ajuda (f)	mosaʿda (f)	مساعدة
base (f)	asās (m)	أساس
categoria (f)	fe'a (f)	فئة
coincidência (f)	ṣodfa (f)	صدفة
começo (m)	bedāya (f)	بداية
comparação (f)	moqarna (f)	مقارنة
desenvolvimento (m)	tanmeya (f)	تنمية
diferença (f)	far' (m)	فرق
efeito (m)	ta'sīr (m)	تأثير
elemento (m)	ʿonṣor (m)	عنصر
equilíbrio (m)	tawāzon (m)	توازن
erro (m)	χaṭa' (m)	خطأ
esforço (m)	mag-hūd (m)	مجهود
estilo (m)	oslūb (m)	أسلوب
exemplo (m)	mesāl (m)	مثال
facto (m)	ḥaʾīʾa (f)	حقيقة
forma (f)	ʃakl (m)	شكل
género (tipo)	nūʿ (m)	نوع
grau (m)	daraga (f)	درجة
ideal	mesāl (m)	مثال
mistério (m)	serr (m)	سرّ
modo (m)	ṭarīʾa (f)	طريقة
momento (m)	laḥza (f)	لحظة
obstáculo (m)	ʿaqaba (f)	عقبة
padrão	ʿādy -qeyāsy	عادي, قياسي
paragem (pausa)	estrāḥa (f)	إستراحة
parte (f)	goz' (m)	جزء
pausa (f)	estrāḥa (f)	إستراحة
posição (f)	mawqef (m)	موّقف
problema (m)	moʃkela (f)	مشكلة
processo (m)	ʿamaliya (f)	عمليّة
progresso (m)	ta'addom (m)	تقدّم
propriedade (f)	χaṣṣa (f)	خاصّة
reação (f)	radd feʿl (m)	ردّ فعل
risco (m)	moχaṭra (f)	مخاطرة
ritmo (m)	eqāʿ (m)	إيقاع
série (f)	selsela (f)	سلسلة
sistema (m)	nezām (m)	نظام
situação (f)	ḥāla (f), waḍʿ (m)	حالة, وضع
solução (f)	ḥall (m)	حلّ

tabela (f)	gadwal (m)	جدوَل
termo (ex. ~ técnico)	moṣṭalaḥ (m)	مصطلح
urgente	mesta'gel	مستعجل
utilidade (f)	manf'a (f)	منفعة
variante (f)	ʃakl moχtalef (m)	شكل مختلف
variedade (f)	eχteyār (m)	إختيار
verdade (f)	ḥa'ī'a (f)	حقيقة
vez (f)	dore (m)	دور
zona (f)	mante'a (f)	منطقة

26. Modificadores. Adjetivos. Parte 1

aberto	maftūḥ	مفتوح
afiado	ḥād	حاد
alto (ex. voz ~a)	'āly	عالِي
amargo	morr	مرّ
amplo	wāse'	واسع
antigo	'adīm	قديم
arriscado	mogāzef	مجازف
artificial	ṣenā'y	صناعي
azedo	ḥāmeḍ	حامض
baixo (voz ~a)	wāṭy	واطي
bonito	gamīl	جميل
bronzeado	asmar	أسمر
burro, estúpido	ɣaby	غبي
cego	a'ma	أعمى
central	markazy	مركزي
cheio (ex. copo ~)	malyān	مليان
clandestino	serry	سرّي
compatível	motawāfaq	متوافق
comum, normal	'ādy	عادي
congelado	mogammad	مجمّد
contente	rāḍy	راضي
contínuo	momtad	ممتد
contrário (ex. o efeito ~)	moqābel	مقابل
cru (não cozinhado)	nayī	نيّ
curto	'aṣīr	قصير
denso (fumo, etc.)	kasīf	كثيف
difícil	ṣa'b	صعب
direito	el yemīn	اليمين
doce (açucarado)	mesakkar	مسكّر
doce (água)	'azb	عذب
doente	'ayān	عيّان

duro (material ~)	gāmed	جامد
educado	mo'addab	مؤدّب
enigmático	ɣāmeḍ	غامض
enorme	ḍaχm	ضخم
especial	χāṣṣ	خاص
esquerdo	el ʃemāl	الشمال
estreito	ḍaye'	ضيّق
exato	maẓbūṭ	مظبوط
excelente	momtāz	ممتاز
excessivo	mofreṭ	مفرط
externo	χāregy	خارجي
fácil	sahl	سهل
feliz	sa'īd	سعيد
fértil (terreno ~)	χeṣb	خصب
forte (pessoa ~)	'awy	قويّ
frágil	qābel lel kasr	قابل للكسر
gostoso	ṭa'mo ḥelw	طعمه حلو
grande	kebīr	كبير
gratuito, grátis	be balāʃ	ببلاش

27. Modificadores. Adjetivos. Parte 2

imóvel	sābet	ثابت
importante	mohemm	مهمّ
infantil	lel aṭfāl	للأطفال
inteligente	zaky	ذكي
interno	dāχely	داخلي
legal	qanūny	قانوني
leve	χafīf	خفيف
limpo	neḍīf	نظيف
líquido	sā'el	سائل
liso	amlas	أملس
longo (ex. cabelos ~s)	ṭawīl	طويل
maduro (ex. fruto ~)	mestewy	مستوّي
mate, baço	maṭfy	مطفي
mau	weḥeʃ	وحش
mole	nā'em	ناعم
morto	mayet	ميّت
não difícil	meʃ ṣa'b	مش صعب
não é clara	meʃ wāḍeḥ	مش واضح
natal (país ~)	aṣly	أصلي
negativo	salby	سلبي
normal	'ādy	عادي
novo	gedīd	جديد

obrigatório	ḍarūry	ضروري
original	aṣly	أصلي
passado	māḍy	ماضي
pequeno	ṣoɣeyyir	صغيّر
perigoso	χaṭīr	خطير
pessoal	ʃaχṣy	شخصي
pobre	faʾīr	فقير
possível	momken	ممكن
pouco fundo	ḍaḥl	ضحل
primeiro (principal)	asāsy	أساسي
principal	raʾīsy	رئيسي
provável	moḥtamal	محتمل
rápido	sareeʿ	سريع
raro	nāder	نادر
reto	mostaqīm	مستقيم
seguinte	elly gayī	اللي جاي
similar	ʃabīh	شبيه
soberbo	momtāz	ممتاز
social	ʿām	عام
sólido	matīn	متين
sujo	weseχ	وسخ
suplementar	eḍāfy	إضافي
triste (um ar ~)	zaʿlān	زعلان
último	ʾāχer	آخر
usado	mostaʿmal	مستعمل
vazio (meio ~)	χāly	خالي
velho	ʾadīm	قديم

28. Verbos. Parte 1

abrir (vt)	fataḥ	فتح
acabar, terminar (vt)	χallaṣ	خلّص
acusar (vt)	ettaham	إتّهم
agradecer (vt)	ʃakar	شكر
ajudar (vt)	sāʿed	ساعد
almoçar (vi)	etɣadda	إتغدّى
alugar (~ um apartamento)	estʾgar	إستأجر
amar (vt)	ḥabb	حبّ
anular, cancelar (vt)	alɣa	ألغى
anunciar (vt)	aʿlan	أعلن
apagar, eliminar (vt)	masaḥ	مسح
apanhar (vt)	mesek	مسك
arrumar, limpar (vt)	ratteb	رتّب
assinar (vt)	waqqaʿ	وقّع

atirar, disparar (vi)	ḍarab bel nār	ضرب بالنار
bater (espancar)	ḍarab	ضرب
bater-se (vp)	χāne'	خانق
beber, tomar (vt)	ʃereb	شرب
brincar (vi)	hazzar	هزّر
brincar, jogar (crianças)	le'eb	لعب
caçar (vi)	eṣṭād	اصطاد
cair (vi)	we'e'	وقع
cantar (vi)	ɣanna	غنّى
cavar (vt)	ḥafar	حفر
cessar (vt)	baṭṭal	بطّل
chegar (vi)	weṣel	وصل
chorar (vi)	baka	بكي
começar (vt)	bada'	بدأ
comer (vt)	akal	أكل
comparar (vt)	qāran	قارن
comprar (vt)	eʃtara	إشترى
compreender (vt)	fehem	فهم
confiar (vt)	wasaq	وثق
confirmar (vt)	akkad	أكّد
conhecer (vt)	'eref	عرف
construir (vt)	bana	بني
contar (fazer contas)	'add	عدّ
contar (vt)	ḥaka	حكى
contar com (esperar)	e'tamad 'ala …	إعتمد على...
convidar (vt)	'azam	عزم
copiar (vt)	nasaχ	نسخ
correr (vi)	gery	جري
crer (vt)	aman	أمن
criar (vt)	'amal	عمل
custar (vt)	kallef	كلّف

29. Verbos. Parte 2

dançar (vi)	ra'aṣ	رقص
dar (vt)	edda	إدّى
decidir (vt)	'arrar	قرّر
deixar cair (vt)	wa''a'	وقّع
depender de … (vi)	e'tamad 'ala …	إعتمد على...
desaparecer (vi)	eχtafa	إختفى
desculpar (vt)	'azar	عذر
desculpar-se (vp)	e'tazar	إعتذر
desligar (vt)	ṭaffa	طفّى
desprezar (vt)	eḥtaqar	إحتقر

discutir (notícias, etc.)	nā'eʃ	ناقش
divorciar-se (vp)	ṭalla'	طلّق
dizer (vt)	'āl	قال
duvidar (vt)	ʃakk fe	شكّ في
encontrar (achar)	la'a	لقى
encontrar-se (vp)	'ābel	قابل
enganar (vt)	χada'	خدع
enviar (uma carta)	arsal	أرسل
errar (equivocar-se)	ɣeleṭ	غلط
escolher (vt)	eχtār	إختار
esconder (vt)	χabba	خبّأ
escrever (vt)	katab	كتب
esperar (o autocarro, etc.)	estanna	إستنّى
esperar (ter esperança)	tamanna	تمنّى
esquecer (vi, vt)	nesy	نسي
estar ausente	ɣāb	غاب
estar com pressa	mesta'gel	مستعجل
estar com pressa	esta'gel	إستعجل
estar de acordo	ettafa'	إتّفق
estudar (vt)	daras	درس
exigir (vt)	ṭāleb	طالب
existir (vi)	kān mawgūd	كان موّجود
explicar (vt)	ʃaraḥ	شرح
falar (vi)	kallem	كلّم
falar com ...	kallem ...	كلّم...
faltar (clases, etc.)	ɣāb	غاب
fazer (vt)	'amal	عمل
fazer, preparar (vt)	ḥaḍḍar	حضّر
fechar (vt)	'afal	قفل
felicitar (vt)	hanna	هنّأ
ficar cansado	te'eb	تعب
gostar (apreciar)	'agab	عجب
gritar (vi)	ṣarraχ	صرّخ
guardar (cartas, etc.)	ḥafaẓ	حفظ
insistir (vi)	aṣarr	أصرّ
insultar (vt)	ahān	أهان
ir (a pé)	meʃy	مشي
jantar (vi)	et'asʃa	إتعشّى
ler (vt)	'ara	قرأ
ligar (vt)	fataḥ, ʃagɣal	فتح, شغّل

30. Verbos. Parte 3

matar (vt)	'atal	قتل
mergulhar (vi)	ɣāṣ	غاص

morrer (vi)	māt	مات
mostrar (vt)	warra	ورّى
mudar (modificar)	ɣayar	غيّر
nadar (vi)	ʿām	عام
nascer (vi)	etwalad	إتولّد
negar (vt)	ankar	أنكر
obedecer (vt)	ṭāʿ	طاع
odiar (vt)	kereh	كره
olhar para ...	baṣṣ	بصّ
ouvir (vt)	semeʿ	سمع
pagar (vt)	dafaʿ	دفع
participar (vi)	ʃārek	شارك
pegar (tomar)	aχad	أخد
pensar (vt)	fakkar	فكّر
perder (o guarda-chuva, etc.)	ḍayaʿ	ضيّع
perdoar (vt)	ʿafa	عفا
perguntar (vt)	saʾal	سأل
permitir (vt)	samaḥ	سمح
pertencer (vt)	χaṣṣ	خصّ
perturbar (vt)	azʿag	أزعج
poder (v aux)	ʾeder	قدر
poder (v aux)	ʾeder	قدر
prever (vt)	tanabbaʾ	تنبّأ
proibir (vt)	manaʿ	منع
prometer (vt)	waʿad	وعد
propor (vt)	ʿaraḍ	عرض
provar (vt)	asbat	أثبت
quebrar (vt)	kasar	كسر
queixar-se (vp)	ʃaka	شكا
querer (desejar)	ʿāyez	عايز
receber (vt)	estalam	إستلم
repetir (dizer outra vez)	karrar	كرّر
reservar (~ um quarto)	ḥagaz	حجز
responder (vt)	gāwab	جاوب
rezar, orar (vi)	ṣalla	صلّى
roubar (vt)	saraʾ	سرق
saber (vt)	ʿeref	عرف
salvar (vt)	anqaz	أنقذ
secar (vt)	gaffaf	جفّف
sentar-se (vp)	ʾaʿad	قعد
sorrir (vi)	ebtasam	إبتسم
tentar (vt)	ḥāwel	حاول
ter (vt)	malak	ملك

ter medo	χāf	خاف
terminar (vt)	anha	أنهى
tomar o pequeno-almoço	feṭer	فطر
trabalhar (vi)	eʃtaɣal	إشتغل
traduzir (vt)	targem	ترجم
vender (vt)	bā'	باع
ver (vt)	ʃāf	شاف
verificar (vt)	eχtabar	إختبر
virar (ex. ~ à direita)	ḥād	حاد
voar (vi)	ṭār	طار

www.ingramcontent.com/pod-product-compliance
Lightning Source LLC
Chambersburg PA
CBHW060027050426
42448CB00012B/2887
* 9 7 8 1 7 8 7 1 6 9 5 5 5 *